Aromas del Subcontinente

Un Recorrido Culinario por la India

Rohan Kapoor

Indice

Csirke olaj nélk 17
    Příválók 17
    Modeszer 17
Curry Kozi Varatha 18
    Příválók 18
    Modeszer 18
Csirkepörkölt 20
    Příválók 20
    Modeszer 21
Himani csirke 22
    Příválók 22
    Un savanyúsághoz: 22
    Modeszer 23
Fehér csirke 24
    Příválók 24
    Modeszer 25
Csirke piros masalaban 26
    Příválók 26
    Modeszer 27
Kip Jhalfrezie 28
    Příválók 28
    Modeszer 29

Curry csirke fácil 30

    Příválók 30

    Modeszer 31

Curry Édes-savanyú csirke 32

    Příválók 32

    Modeszer 33

Száraz Anjeer csirke 34

    Příválók 34

    Un savanyúsághoz: 34

    Modeszer 35

yogur csirke 36

    Příválók 36

    Modeszer 37

Fűszeres sült csirke 38

    Příválók 38

    Modeszer 39

Excelente atención 40

    Příválók 40

    Modeszer 41

vindaloo csirke 42

    Příválók 42

    Modeszer 43

Ciruela caramelizada 44

    Příválók 44

    Modeszer 45

Kesudió csirke 46

    Příválók 46

Modeszer	47
Györs csirke	48
Příválók	48
Modeszer	49
Curry coorgi csirke	50
Příválók	50
Modeszer	51
Serpenyős csirke	52
Příválók	52
Modeszer	53
Spenótos csirke	54
Příválók	54
Modeszer	55
cirke indio	56
Příválók	56
A fűszerkeverékhez:	56
Modeszer	57
Corey Gassi	58
Příválók	58
Modeszer	59
Csirke Ghezado	60
Příválók	60
Modeszer	61
Csirke paradisomszószban	62
Příválók	62
Modeszer	63
Shahenshah Murgh	64

Příválók 64
Modeszer 65
Kip do Pyaaza 66
Příválók 66
Modeszer 67
csirke bengalí 68
Příválók 68
Modeszer 68
Lasooni Murgh 70
Příválók 70
Modeszer 71
café csirke 72
Příválók 72
Un savanyúsághoz: 72
Modeszer 73
Csirke sárgabarackkal 74
Příválók 74
Modeszer 75
Grillcsirke 76
Příválók 76
Modeszer 77
Sült kacsa borsal 78
Příválók 78
Modeszer 79
Csirke Bhuna 80
Příválók 80
Modeszer 81

Tojásos csirke curry 82
    Příválók 82
    Modeszer 83
Fűszeres sült csirke 84
    Příválók 84
    Un savanyúsághoz: 84
    Modeszer 85
Goan Kombdi 86
    Příválók 86
    Modeszer 87
curry delicatessen csirke 88
    Příválók 88
    Modeszer 89
nizami csirke 90
    Příválók 90
    A fűszerkeverékhez: 90
    Modeszer 91
bivalvo kacsa 92
    Příválók 92
    Modeszer 92
Adraki Murgh 94
    Příválók 94
    Modeszer 94
Bharva Murgh 95
    Příválók 95
    Modeszer 96
Malaidar Murgh 97

Přívalók 97
Modeszer 98
Pollo al curry de Bombay 99
Přívalók 99
Modeszer 100
ciudad de Durbari 101
Přívalók 101
Modeszer 102
Sült kacsa 103
Přívalók 103
Modeszer 103
Korianderes és fokhalummas csirke 104
Přívalók 104
Modeszer 105
masala de pollo 106
Přívalók 106
Modeszer 107
mostaza csirke 108
Přívalók 108
Modeszer 109
Murgh Lassanwallah 110
Přívalók 110
Modeszer 111
Pimentón csirke Chettinad 112
Přívalók 112
Modeszer 113
Darált csirke tojással 114

Příválók 114

Modeszer 115

Száraz csírke 116

Příválók 116

Un savanyúsághoz: 116

Modeszer 117

kebab 117

Příválók 117

A töltelékhez: 118

Modeszer 118

Halszelet 120

Příválók 120

Modeszer 121

Sookha hal 123

Příválók 123

Modeszer 124

Mahya Kalia 125

Příválók 125

Modeszer 126

Garnélarák Curry Rosachi 127

Příválók 127

Modeszer 128

Datolyával és Mandulával tölltöt hal 129

Příválók 129

Modeszer 129

salón tandoori 131

Příválók 131

Modeszer 131
Verduras 132
    Příválók 132
    Modeszer 133
Tandoor Gülnar 135
    Příválók 135
    Az primer páchoz: 135
    Un segundo páchoz: 135
Garnélarák zöld masalaval 136
    Příválók 136
    Modeszer 137
Halszelet 138
    Příválók 138
    Modeszer 139
Parsi Vis Sas 140
    Příválók 140
    Modeszer 141
Peshawar Machhi 142
    Příválók 142
    Modeszer 142
curry de cangrejo 144
    Příválók 144
    Modeszer 145
mostaza 146
    Příválók 146
    Modeszer 146
Meen Vattichathu 147

Příválók 147
Modeszer 148
Viszlát Maach 149
Příválók 149
Un savanyúsághoz: 149
Modeszer 150
Sült hal 151
Příválók 151
Modeszer 151
Machher szelet 152
Příválók 152
Modeszer 152
goai kardhal 154
Příválók 154
Modeszer 155
Száraz hal masala 156
Příválók 156
Modeszer 156
Curry de camarones de Madrás 157
Příválók 157
Modeszer 157
Hal griegoszénával 158
Příválók 158
Modeszer 159
Karimeen Porichathu 160
Příválók 160
Modeszer 161

Órias garnélarák 162
    Príválók 162
    Modeszer 163
pacolt hal 164
    Príválók 164
    Modeszer 164
curry hallabda 165
    Príválók 165
    Modeszer 166
amritsari hal 167
    Príválók 167
    Modeszer 167
masala sult garnélarák 168
    Príválók 168
    Modeszer 169
Hal encima de la salsa 170
    Príválók 170
    Modeszer 171
Pasanda garnélarák 172
    Príválók 172
    Modeszer 173
kardhal rechaido 174
    Príválók 174
    Modeszer 175
Teekha Jhinga 176
    Príválók 176
    Modeszer 177

Garnélarák Balchow 178
    Příválók 178
    Modeszer 179
Bhujna garnélarák 180
    Příválók 180
    Modeszer 181
Chingdi Macher Malai 182
    Příválók 182
    Modeszer 183
Bata Vis dijo 184
    Příválók 184
    Modeszer 184
Halpaprikas 185
    Příválók 185
    Modeszer 186
Jhinga Nissa 187
    Příválók 187
    Modeszer 188
vindaloo fino 189
    Příválók 189
    Modeszer 190
Homar Balchow 191
    Příválók 191
    Modeszer 192
Garnélarák de berenjena 193
    Příválók 193
    Modeszer 194

Zöld garnélarák 195
    Příválók 195
    Modeszer 195
cilantro hal 196
    Příválók 196
    Modeszer 196
malaj hal 197
    Příválók 197
    A fűszerkeverékhez: 197
    Modeszer 198
Curry konkani hal 199
    Příválók 199
    Modeszer 199
Fűszeres fokhalummas garnélarák 200
    Příválók 200
    Modeszer 201
hal curry sencillo 202
    Příválók 202
    Modeszer 202
Hal curry de Goa 203
    Příválók 203
    Modeszer 204
Vindaloo garnélarák 205
    para 4 personas 205
    Příválók 205
    Modeszer 206
Hal zöld masalaban 207

Příválók 207
    Modeszer 208
Kagyló Masala 209
    Příválók 209
    Modeszer 210
Pescado Tikka 211
    Příválók 211
    Modeszer 212
Berenjena garnélával tölltöt 213
    Příválók 213
    Modeszer 214
Garnélarák Fokhagyma és Fahéj 215
    Příválók 215
    Modeszer 215
Lenguado de párolt con mostaza 216
    Příválók 216
    Modeszer 216

Csirke olaj nélk

para 4 personas

Příválók

Yogur 400g/14oz

1 cucharadita de chile por

1 cucharadita de pasta de jengibre

1 cucharadita de pasta fokhagyma

2 zöld de chile, aproximadamente vágva

50 g de cilantro

1 cucharadita de garam masala

es simplemente de buen gusto

750 g/1 fuente 10 oz

Modeszer

- Excepto csirke, az közés közávalót öszedolgozuk. Pácold be a csirkét egy nytscen át ezzel a mikroskel.

- A pácolt csirkét serpenyőb, medium lángon főzük durante 40 minutos, a menudo kevergetve. Forrón táaljuk.

Curry Kozi Varatha

(Csirke curry Kairali Keralaból)

para 4 personas

Příválók

60 ml de aceite vegetal refinado

7,5 cm gyömbérgyökér, aprora vágva

15 gerezd fokhagyma aprora vágva

8 medvehagyma aprora vágva

3 zöld de chile, hosszában felszeletelve

1 kg/2¼ lb de queso, 12 libras

tk cúrcuma

es simplemente de buen gusto

2 evőkanál őrolt cilantro

1 cucharada de garam masala

½ teáskanál köménymag

750 ml/1¼ pinta de kókusztej

5-6 niveles de curry

Modeszer

- Egy serpenyőb felforrósítjuk az olajat. Agregue gyombért és fokhalumat. Mantenga presionado el botón durante 30 segundos.

- Añadir a medvehalgamat és zöld chilit. Pároljuk egy minuto.

- Adjuk lázá a csirkét, a kurkumát, a sót, az őrölt koriandert, a garam masala-t és a köménymagot. Jól összekeverni. Fedjük le feedőkal, és lassú tűzön főzük 20 minutos. Adjuk láža a kókusztejet. 20 minutos de espera.

- Curry nivelado öztejzük, és forrón tálaljuk.

Csirkepörkölt

para 4 personas

Přívalók

1 evőkanál finomitott növéni olaj

2 szegfűszeg

1 pulgada/2,5 cm de tamaño

6 bors de frutas pequeñas

3 niveles de bebé

2 nagy hagyma 8 darabra vágva

1 cucharadita de pasta de jengibre

1 cucharadita de pasta fokhagyma

8 csirkecomb

200 g/7 oz de verduras congeladas

250 ml/8 onzas

es simplemente de buen gusto

2 teáskanál fehér liszt 360 ml/12 fl oz tejben feloldva

Modeszer

- Egy serpenyőb felforrósítjuk az olajat. Agregue un szegfűszeget, un fahéjat, un szemes borsot és un babérlevelet. Haga una pausa de 30 segundos.

- Adjuk lázá a halumat, a gyombérpasztát és a fokhagymapürét. Cocine por 2 minutos.

- Pjuadjuk a mzbo kózávalót, excepto a lisztes mikrosset. Fedjük le feedőkal, és pároljuk 30 minutos. Añadir a la lista la mezcla. Jól összekeverni.

- Főzzük durante 10 minutos, a menudo kevergetve. Forrón táaljuk.

Himani csirke

(Csirke cardamomo)

para 4 personas

Přívalók

1 kg/2¼ lb de queso, 10 libras de peso

3 evőkanál finomitott növéni olaj

¼ tk őrölt zöld cardamomo

es simplemente de buen gusto

Un savanyúsághoz:

1 cucharadita de pasta de jengibre

1 cucharadita de pasta fokhagyma

200 g/7 oz de yogur

2 evőkanál mentalévél, őrölt

Modeszer

- Keverje ösze a pác söse összetőjét. Pácold ezzel a microskel a csirkét 4 hånten át.

- Egy serpenyőb felforrósítjuk az olajat. Júadjuk a pácolt csirkét, és lách lángon piritjuk 10 minutos. Agregue kardamomot és sót. Jól össöszügütü, és gyakori kevergeets äälän 30 minutos főzük. Forrón táaljuk.

Fehér csirke

para 4 personas

Příválók

750 g/1 fuente 10 onzas csonst szirke csirke, darált

1 cucharadita de pasta de jengibre

1 cucharadita de pasta fokhagyma

1 evőkanál ghí

2 szegfűszeg

1 pulgada/2,5 cm de tamaño

8 szem fekete bors

2 niveles de bebé

es simplemente de buen gusto

250 ml/8 onzas

30 g/1 onza de kesudió, őrölt

10-12 almendras, őrölt

1 tejszín líquido evőkanál

Modeszer

- Pácold be a csirkét a gyömbér- és fokhagymapürével durante 30 minutos.

- Egy serpenyőb felforrósítjuk a ghit. Adjuk lóza a szegfűszeget, a fahéjat, a szemes borsot, a babérlevelet és a sót. Haga una pausa de 15 segundos.

- Pjuadjuk a pácolt csirkét és a vizet. 30 minutos de duración. Pújaadjuk a kesudiót, a mandulát és a tejszínt. 5 minutos főzük és forrón tálaljuk.

Csirke piros masalaban

para 4 personas

Přívalók

3 evőkanál finomitott növéni olaj

2 nagy hagyma, szeletelve szeletelve

1 evőkanál mák

5 pimentones secos

50 g de friss kókusz, reszelve

1 pulgada/2,5 cm de tamaño

2 cucharaditas de pasta de tamarindo

6 gerezd fokhagyma

500 g/1 fuente 2 onzas csirke, darált

2 tomates, en rodajas finas

1 cilantro evőkanál őrolt

1 teáskanál őrölt kömény

500 ml/16 onzas líquidas

es simplemente de buen gusto

Modeszer

- Egy serpenyőb felforrósítjuk az olajat. A hálumat medító lángon barnára pirítjuk. Adjuk lóza a mákot, a paprikát, a kókuszt és a fahéjat. Cocine por 3 minutos.

- Adjuk lógás a tamarindpasztát és a fokhalumat. Jól összemzigde és pépesre morzsoljuk.

- Keverje öszé ezt a pasztát az szés szboj kózávalóvalóval. Cocine el microondas a baja temperatura durante 40 minutos. Forrón táaljuk.

Kip Jhalfrezie

(Csirke gásza paradımszószban)

para 4 personas

Příválók

3 evőkanál finomitott növéni olaj

3 nagy hagyma, aprora vágva

2,5 cm gyömbérgyökér, szeletelve bítira

1 cucharadita de pasta fokhagyma

1 kg/2¼ lb de queso, 8 calorías

½ cucharadita de cúrcuma

3 cucharaditas de cilantro

1 teáskanál őrölt kömény

4 tomates, blansírozva és purésítve

es simplemente de buen gusto

Modeszer

- Egy serpenyőb felforrósítjuk az olajat. Adjuk lógás a halumat, a gyombért és a fokhagymapürét. Közepes lángon addigi sütjük, amig a hagyma aranybarna nem lesz.

- Adjuk lázá a csirkét, a kurkumát, az őrölt koriandert és az őrölt köményt. Sütjük durante 5 minutos.

- Adjuk kolaža a paradisimpurét és a sot. Jól összemzigüt és lassú tűzön durante 40 minutos főzük, ittőnként megkeverve. Forrón táaljuk.

Curry csirke fácil

para 4 personas

Příválók

2 evőkanál finomitott növéni olaj

2 nagy hagyma, aprora vágva

½ cucharadita de cúrcuma

1 cucharadita de pasta de jengibre

1 cucharadita de pasta fokhagyma

6 zöld de chile, szeletelve

750 g/1 fuente 10 onzas csirke, 8 darabra vágva

yogur 125 g/4½ oz

125 g/4½ oz de khoya*

es simplemente de buen gusto

50 g de cilantro finamente picado

Modeszer

- Egy serpenyőb felforrósítjuk az olajat. Adjuk làzà tarareó. Addig sütjük, amig ättetszővé nem válkon.

- Agregue kurkumát, gyombérpasztát, fokhalumgas pasztát és zöldpaprikát. Sütjük término medio durante 2 minutos. Agregue csirkét, és 5 minutos pirijuk.

- Adjuk lázá a joghurtot, a khoyát és a sót. Jól össekeverni. Fedjük le fedőkal, és lassú tűzön főzük 30 minutos, iitőnként mekgeverve.

- Korianderlevéllel österzükjük. Forrón táaljuk.

Curry Édes-savanyú csirke

para 4 personas

Příválók

1 kg/2¼ lb de queso, 8 calorías

es simplemente de buen gusto

½ cucharadita de cúrcuma

4 evőkanál finomitott növéni olaj

3 hagyma, aprora vágva

8 niveles de curry

3 paraíso, aprora vágva

1 cucharadita de pasta de jengibre

1 cucharadita de pasta fokhagyma

1 cilantro evőkanál őrolt

1 cucharadita de garam masala

1 cucharada de pasta de tamarindo

½ evőkanál őrölt fekete bors

250 ml/8 onzas

Modeszer

- Pácold be a csirkedarabokat sóval és kurkumával durante 30 minutos.

- Egy serpenyőb felforrósítjuk az olajat. Adjuk kolaža a halummat és a curry lekalet. Lassú tűzön addige pirijuk, amig a hagyma ättetszővé nem válát.

- Agrega todos los demás ingredientes a la sartén. Jól sződő öszé, alimentado le és pároljuk 40 minutos. Forrón táaljuk.

Száraz Anjeer csirke

(Száraz csirke fügével)

para 4 personas

Příválók

750 g/1 fuente 10 onzas csirke, 12 darabra vágva

4 evőkanál ghí

2 nagy hagyma, aprora vágva

250 ml/8 onzas

es simplemente de buen gusto

Un savanyúsághoz:

10 syrított füge, 1 hourn át áztatva

1 cucharadita de pasta de jengibre

1 cucharadita de pasta fokhagyma

200 g/7 oz de yogur

1½ cucharaditas de garam masala

2 tejszín líquidos evőkanál

Modeszer

- Keverje ösze a pác söse összetőjét. Pácold a csirkét ezzel a mikroskel egy hätn szötzel.

- Egy serpenyőb felforrósítjuk a ghit. A hálumat medító lángon barnára pirítjuk.

- Júadjuk a pácolt csirkét, a vizet és a sót. Jól sződő öszé, alimentado le és pároljuk 40 minutos. Forrón táaljuk.

yogur csirke

para 4 personas

Příválók

30 g de mentalévél finamente picado

30 g de nivel de cilantro picado

2 cucharaditas de pasta de jengibre

2 teáskanál fokhagyma paszta

Yogur 400g/14oz

200 g/7 oz de puré de tomate

1 limón leve

1 kg/2¼ lb de queso, 12 libras

2 evőkanál finomitott növéni olaj

4 nagy hagyma, aprora vágva

es simplemente de buen gusto

Modeszer

- Un nivel mental es un nivel de koriander finom péppé őröljük. Keverjük ösze gyömbérpasztával, fokhagymapürével, joghurttal, paradísompürével és citromlével. Pácold ezzel a mikroskel a csirkét 3 hånn át.

- Egy serpenyőb felforrósítjuk az olajat. A hálumat medító lángon barnára pirítjuk.

- Adjuk lázá a pácolt csirkét. Fedjük le feedővel és pároljuk durante 40 minutos, ittőnként megkeverve. Forrón táaljuk.

Fűszeres sült csirke

para 4 personas

Příválók

1 cucharadita de pasta de jengibre

2 teáskanál fokhagyma paszta

2 zöld de chile, aproximadamente vágva

1 cucharadita de chile por

1 cucharadita de garam masala

2 cucharaditas de limón

½ cucharadita de cúrcuma

es simplemente de buen gusto

1 kg/2¼ lb de queso, 8 calorías

Finomitott növéni olaj sütéshez

Zsemlemorzsa, bevonász

Modeszer

- Keverje ösze a gyombérpasztát, a fokhagymapürét, a zöldpaprikát, a chiliport, garam masala-t, a citromlevet, a kurkumát és a sót. Pácold ezzel a mikroskel a csirkét 3 hånn át.

- Egy serpenyőb felforrósítjuk az olajat. A pácolt csirke minden darabját bedörzsöljük zsemlemorzsába, és medító lángon aranybarnára sütjük.

- Konyhai papiron leszörtjük és melegen tálaljuk.

Excelente atención

para 4 personas

Příválók

1 cucharadita de pasta de jengibre

1 cucharadita de pasta fokhagyma

1 kg/2¼ lb de queso, 8 calorías

200 g/7 oz de yogur

es simplemente de buen gusto

250 ml/8 onzas

2 evőkanál finomitott növéni olaj

2 nagy hagyma, aprora vágva

4 pimentones picantes

5 cm/2 pulgadas de tamaño

2 db fekete cardamomo alto

4 szegfűszeg

1 evőkanál chana dhal*, szárazon pörkölt

Modeszer

- Keverje ösze a gyömbérpasztát és a fokhalumgas pépet. Pácold a csirkét ezzel a mikroskelkel durante 30 minutos. Agregue joghurtot, sót és vizet. Félretesz.

- Egy serpenyőb felforrósítjuk az olajat. Adjunk kolaža halummat, chilit, fahéjat, kardamomot, szegfűszeget és a chana dhalt. 3-4 minutos de cocción a baja temperatura.

- Péppé őröljük és ádázjuk a csirkehús mikroshez. Jól össekeverni.

- Alacsony dura 30 minutos. Forrón táaljuk.

vindaloo csirke

(Curry de Goan fűszeres csirke)

para 4 personas

Příválók

60 ml de malta sin sal

1 evőkanál köménymag

1 cucharadita de szemes bors

6 pimentones picantes

1 cucharadita de cúrcuma

es simplemente de buen gusto

4 evőkanál finomitott növéni olaj

3 nagy hagyma, aprora vágva

1 kg/2¼ lb de queso, 8 calorías

Modeszer

- Az ecetet a köménymaggal, borssal, chili paprikával, kurkumával és sóval simára morzsoljuk. Félretesz.

- Egy serpenyőb felforrósítjuk az olajat. Adjuk lóza a halumat és pirítsuk ättetszővé. Adjuk lóza az ecetet és a köménymag pasztát. Mezclar durante 4-5 minutos.

- Agrega un csirkét y déjalo por 30 minutos. Forrón táaljuk.

Ciruela caramelizada

para 4 personas

Přívalók

200 g/7 oz de yogur

1 cucharadita de pasta de jengibre

1 cucharadita de pasta fokhagyma

2 evőkanál őrolt cilantro

1 teáskanál őrölt kömény

1½ cucharaditas de garam masala

es simplemente de buen gusto

1 kg/2¼ lb de queso, 8 calorías

3 evőkanál finomitott növéni olaj

2 cucharaditas de azúcar

3 szegfűszeg

1 pulgada/2,5 cm de tamaño

6 bors de frutas pequeñas

Modeszer

- Keverje ösze a joghurtot, a gyömbérpasztát, a fokhagymapürét, az őrölt koriandert, az őrölt köményt, a garam masala-t és a sót. Pácold be a csirkét egy nytscen át ezzel a mikroskel.

- Egy serpenyőb felforrósítjuk az olajat. Agregue cukrot, szegfűszeget, fahéjat és borsot. Cocine por un minuto. Adjuk lázá a pácolt csirkét, és lassú tűzön főzük 40 minutos. Forrón táaljuk.

Kesudió csirke

para 4 personas

Příválók

1 kg/2¼ lb de queso, 12 libras

es simplemente de buen gusto

1 cucharadita de pasta de jengibre

1 cucharadita de pasta fokhagyma

4 evőkanál finomitott növéni olaj

4 nagy hagyma, aprora vágva

15 kesudió, törve

6 db pirospaprika, áztatva durante 15 minutos

2 teáskanál őrölt kömény

60ml de salsa de tomate

500 ml/16 onzas líquidas

Modeszer

- Pácold be a csirkét a sóval és a gyömbér- és fokhagymapürével 1 hora át.

- Egy serpenyőb felforrósítjuk az olajat. A hálumat medító lángon barnára pirítjuk.

- Adjuk lázá a kesudiót, a paprikát, a köményt és a kechupot. Cocine por 5 minutos.

- Agregue csirkét és vizet. 40 minutos pároljuk, és forrón tálaljuk.

Györs csirke

para 4 personas

Příválók

4 evőkanál finomitott növéni olaj

6 pimentones picantes

6 bors de frutas pequeñas

1 cucharada de magra de cilantro

1 teáskanál köménymag

1 pulgada/2,5 cm de tamaño

4 szegfűszeg

1 cucharadita de cúrcuma

8 gerezd fokhagyma

1 cucharadita de pasta de tamarindo

4 hagyma medianas, pietra szeletelve

2 desagradables paraísos, aprora vágva

1 kg/2¼ lb de queso, 12 libras

250 ml/8 onzas

es simplemente de buen gusto

Modeszer

- Egy serpenyőb fél evőkanál olajat hevítünk. Agregue piros chilipaprikát, a szemes borsot, a koriandermagot, a köménymagot, a fahéjat és a szegfűszeget. 2-3 minutos sütjük khat mediye lángon.
- Adjuk láža a kurkumát, a fokhalumat és a tamarindpasztát. Mezcló sima masszává őröljük. Félretesz.
- A rágág olajat egy serpenyőb felforrósítjuk. Júadjuk a halumat, és medító lángon aranybarnára piritjuk. Agregue los tomates, és kevergetve 3-4 minutos piritjuk.
- Agregue csirkét, és 4-5 minutos pirijuk.
- Agrega un poco de agua. Jól sződő öszé és Fedjük le Fedővel. Paroljuk durante 40 minutos, ittőnként megkeverve.
- Forrón táaljuk.

Curry coorgi csirke

para 4 personas

Příválók

1 kg/2¼ lb de queso, 12 libras

es simplemente de buen gusto

1 cucharadita de cúrcuma

50 g de kókuszreszelék

3 evőkanál finomitott növéni olaj

1 cucharadita de pasta fokhagyma

2 nagy hagyma, szeletelve szeletelve

1 teáskanál őrölt kömény

1 cucharadita de cilantro

360 ml/12 onzas

Modeszer

- Pácold be a csirkét egy attánn át sóval és kurkumával. Félretesz.
- A kókuszt széfét wözüm sima masszává őröljük.
- Egy serpenyőb felforrósítjuk az olajat. Adjuk láža a kókuszpürét a fokhagymapürével, a halumgaval, az őrölt köménylen és a korianderrel. Lassú tüzön pirijuk durante 4-5 minutos.
- Adjuk lázá a pácolt csirkét. Mezclar durante 4-5 minutos. Adjuk lóza a vizet, feedjük le és pároljuk 40 minutos. Forrón táaljuk.

Serpenyős csirke

para 4 personas

Příválók

4 evőkanál finomitott növéni olaj

1 cucharadita de pasta de jengibre

1 cucharadita de pasta fokhagyma

2 nagy hagyma, aprora vágva

1 cucharadita de garam masala

1½ evőkanál kesudió, őrölt

1½ evőkanál dinnyemag*, llevar

1 cucharadita de cilantro

2 onzas

200 g/7 oz de puré de tomate

2 db csirkehúsleves kocka

250 ml/8 onzas

es simplemente de buen gusto

Modeszer

- Egy serpenyőb felforrósítjuk az olajat. Agregue un gyömbérpasztát, un fokhalumas pépet, un halummat és un garam masala-t. 2-3 minutos kis langon piritjuk. Adjuk láža a kesudiót, a dinnyemagot és az őrölt koriandert. Cocine por 2 minutos.
- Agregue csirkét, és 5 minutos pirijuk. Júadjuk a paradimóspürét, az alaplevet, a vizet és a sót. Fedjük le és pároljuk 40 minutos. Forrón táaljuk.

Spenótos csirke

para 4 personas

Příválók

3 evőkanál finomitott növéni olaj

6 szegfűszeg

5 cm/2 pulgadas de tamaño

2 niveles de bebé

2 nagy hagyma, aprora vágva

12 gerezd fokhagyma, aprora vágva

400 g/14 oz de espinacas, picadas en trozos grandes

200 g/7 oz de yogur

250 ml/8 onzas

750 g/1 fuente 10 onzas csirke, 8 darabra vágva

es simplemente de buen gusto

Modeszer

- Egy serpenyőb felforrósítunk 2 evőkanál olajat. Pjuadjuk a szegfűszeget, a fahéjat és a babérlevelet. Haga una pausa de 15 segundos.
- Adjuk lógás a halumat, és meditó lángon pirítsuk ättetszővé.
- Adjuk lázá a fokhalumat és a spenótot. Jól össekeverni. Cocine durante 5-6 minutos. Lehűtjük és széfém észém sima masszává darajlók.
- A rágág olajat egy serpenyőb felforrósítjuk. Adjuk lógás a spenótpürét és pirítsuk 3-4 minutos. Añadir joghurtot és vizet. Cocine durante 5-6 minutos. Adjuk lógás a csirkét és a sót. 40 minutos lassú tűzön főzük. Forrón táaljuk.

cirke indio

para 4 personas

Příválók

4-5 evőkanál finomitott növéni olaj

4 nagy hagyma, aprora vágva

1 kg/2¼ lb de queso, 10 libras de peso

es simplemente de buen gusto

500 ml/16 onzas líquidas

A fűszerkeverékhez:

2,5 cm/1 pulgada gyombérgyökér

10 gerezd fokhagyma

1 cucharada de garam masala

2 tk édesköménymag

1½ evőkanál cilantromag

60 ml

Modeszer

- A fűszerkeverék lózavalóit simára morzsoljuk. Félretesz.
- Egy serpenyőb felforrósítjuk az olajat. A hálumat medító lángon barnára pirítjuk.
- Adjuk közá a fűszerkeverék pasztát, a csirkét és a sót. Cocine durante 5-6 minutos. Agrega agua. Fedjük le és főzük 40 minutos. Forrón táaljuk.

Corey Gassi

(Csirke Mangalore Curryvel)

para 4 personas

Příválók

4 evőkanál finomitott növéni olaj

6 pimentones rojos enteros

1 cucharadita de fekete bors

4 cucharaditas de cilantro

2 teáskanál köménymag

150 g/5½ onzas de friss kókuszdió, reszelve

8 gerezd fokhagyma

500 ml/16 onzas líquidas

3 nagy hagyma, aprora vágva

1 cucharadita de cúrcuma

1 kg/2¼ lb de queso, 8 calorías

2 cucharaditas de pasta de tamarindo

es simplemente de buen gusto

Modeszer

- Egy serpenyőb felforrósítunk 1 teáskanál olajat. Júadjuk a pirospaprikát, a szemes borsot, a koriandermagot és a köménymagot. Haga una pausa de 15 segundos.
- Ezt a mikkuset a kókuszdioval, a fokhalumvaval és a víz felével pépesre morzsoljuk.
- A rágág olajat egy serpenyőb felforrósítjuk. Adjuk lázá a halumat, a kurkumát és a kókuszpürét. Közepes dura 5-6 minutos.
- Adjuk lógás a csirkét, a tamarindpasztát, a sót és a rágág vizet. Jól össekeverni. Fedjük le feedőkal, és pároljuk 40 minutos. Forrón táaljuk.

Csirke Ghezado

(pollo de Goa)

para 4 personas

Příválók

3 evőkanál finomitott növéni olaj

2 nagy hagyma, aprora vágva

1 cucharadita de pasta de jengibre

1 cucharadita de pasta fokhagyma

2 paraíso, aprora vágva

1 kg/2¼ lb de queso, 8 calorías

1 cilantro evőkanál őrolt

2 cucharadas de garam masala

es simplemente de buen gusto

250 ml/8 onzas

Modeszer

- Egy serpenyőb felforrósítjuk az olajat. Adjuk lázá a halumat, a gyombérpasztát és a fokhagymapürét. Cocine por 2 minutos. Adjuk lógás a paradísimosot és a csirkét. Sütjük durante 5 minutos.
- Añadir a todos los demás elementos. 40 minutos pároljuk, és forrón tálaljuk.

Csirke paradisomszószban

para 4 personas

Příválók

1 evőkanál ghí

2,5 cm gyömbérgyökér, aprora vágva

10 gerezd fokhagyma, finomra vágva

2 nagy hagyma, aprora vágva

4 pimentones picantes

1 cucharadita de garam masala

1 cucharadita de cúrcuma

800 g/1¾ fuente paradizamospüré

1 kg/2¼ lb de queso, 8 calorías

es simplemente de buen gusto

200 g/7 oz de yogur

Modeszer

- Egy serpenyőb felforrósítjuk a ghit. Agregue gyombért, fokhalumat, halummat, pirospaprikát, garam masala-t és kurkumát. 3 minutos de cocción a fuego medio.
- Agrega el puré de tomate y cocina por 4 minutos.
- Adjuk lázá a csirkét, a sót és a joghurtot. Jól össekeverni.
- Fedjük le és pároljuk durante 40 minutos, iitőnként megkeverve. Forrón táaljuk.

Shahenshah Murgh

(Especial sószban főtt csirke)

para 4 personas

Příválók

250 g/9 onzas

60 g/2 onzas de cuajo

4 zöld de chile, hosszában felszeletelve

1 evőkanál köménymag

4 evőkanál ghí

1 evőkanál őrölt fahéj

3 nagy hagyma, aprora vágva

1 kg/2¼ lb de queso, 12 libras

es simplemente de buen gusto

Modeszer

- A földimogyorót lecsepegtetjük, és a mazsolával, zöldpaprikával, köménymaggal és és séfégés észém sima masszává daráljuk. Félretesz.
- Egy serpenyőb felforrósítjuk a ghit. Agregue őrölt fahéjat. Hagyja 30 segundos.
- Pújaadjuk a halumat és az őrölt mogyoró-mazsola pépet. Cocine durante 2-3 minutos.
- Adjuk lógás a csirkét és a sót. Jól össekeverni. Lassú tűzön 40 minutos főzük, itőnként megkeverve. Forrón táaljuk.

Kip do Pyaaza

(Csirke halumgaval)

para 4 personas

Příválók

4 evőkanál ghí plusz plusz a sütéshez

4 szegfűszeg

½ teáskanál édesköménymag

1 cucharadita de cilantro

1 teáskanál őrölt fekete bors

2,5 cm gyömbérgyökér, aprora vágva

8 gerezd fokhagyma, aprora vágva

4 nagy hagyma, aprora vágva

1 kg/2¼ lb de queso, 12 libras

½ cucharadita de cúrcuma

4 paraíso, aprora vágva

es simplemente de buen gusto

Modeszer

- Egy serpenyőb felforrósítunk 4 evőkanál ghít. Júadjuk a szegfűszeget, az édesköménymagot, az őrölt koriandert és a borsot. Haga una pausa de 15 segundos.
- Adjunk kázág gyombért, fokhalumat és halummat. 1-2 minutos de cocción a fuego medio.
- Adjuk lógás a csirkét, a kurkumát, a paradísimosot és a sót. Jól össekeverni. Alacsony langon 30 minutos főzük, çıkı kevergetve. Forrón táaljuk.

csirke bengalí

para 4 personas

Příválók

300 gramos de yogur

1 cucharadita de pasta de jengibre

1 cucharadita de pasta fokhagyma

3 nagy hagyma, 1 lereszelve és 2 aprora vágva

1 cucharadita de cúrcuma

2 cucharaditas de chile por

es simplemente de buen gusto

1 kg/2¼ lb de queso, 12 libras

4 evőkanál aceite de mostaza

500 ml/16 onzas líquidas

Modeszer

- Keverje ösze a joghurtot, a gyömbérpasztát, a fokhagymapürét, a halumat, a kurkumát, a chiliport és a sót. Pácold a csirkét ezzel a mikroskelkel durante 30 minutos.
- Egy serpenyőb felforrósítjuk az olajat. Adjuk lázáz az apróra vázát halummat, és pirítsuk barnára.

- Júadjuk a pácolt csirkét, a vizet és a sót. Jól össekeverni. Fedjük le feedőkal, és pároljuk 40 minutos. Forrón táaljuk.

Lasooni Murgh

(Fokhalumban főtt csirke)

para 4 personas

Příválók

200 g/7 oz de yogur

2 evőkanál fokhagyma paszta

1 cucharadita de garam masala

2 citromlé evőkanál

1 teáskanál őrölt fekete bors

5 pizcas de azafrán

es simplemente de buen gusto

750 g/1 fuente 10 oz

2 evőkanál finomitott növéni olaj

60 ml de tejszínhab

Modeszer

- Keverje ösze a joghurtot, a fokhagymapürét, a garam masala-t, a citromlevet, a borsot, a sáfrányt, a sót és a csirkét. Coloca la mezcla en el frigorífico.
- Egy serpenyőb felforrósítjuk az olajat. Agregue un csirkemeveréket, feedjük le, és lassú tűzön főzük durante 40 minutos, itőnként megkeverve.
- Agrega el tejszínt y revuelve por un minuto. Forrón táaljuk.

café csirke

(Goan csirke korianderes sószban)

para 4 personas

Příválók

1 kg/2¼ lb de queso, 8 calorías

5 evőkanál finomitott növéni olaj

250 ml/8 onzas

es simplemente de buen gusto

4 limones negedelve

Un savanyúsághoz:

50 g de nivel de cilantro picado

2,5 cm/1 pulgada gyombérgyökér

10 gerezd fokhagyma

120 ml de malta sin sal

1 cucharada de garam masala

Modeszer

- Keverjük össé az söss pác kózávalót, és szütze össé önny veszát, hogy sima masszát kapjunk. Pácold a csirkét ezzel a mikroskel egy hätn szötzel.
- Egy serpenyőb felforrósítjuk az olajat. Juedjuk a pácolt csirkét, és medíð lángon piritjuk durante 5 minutos. Agrega un poco de agua. Fedjük le feedővel és pároljuk durante 40 minutos, ittőnként megkeverve. Melegen tálaljuk citrommal.

Csirke sárgabarackkal

para 4 personas

Příválók

4 evőkanál finomitott növéni olaj

3 nagy hagyma, szeletelve szeletelve

1 cucharadita de pasta de jengibre

1 cucharadita de pasta fokhagyma

1 kg/2¼ lb de queso, 8 calorías

1 cucharadita de chile por

1 cucharadita de cúrcuma

2 teáskanál őrölt kömény

2 cukor evőkanál

300 g de sárgabarack seco, áztatva durante 10 minutos

60 ml

1 evőkanál malátaecet

es simplemente de buen gusto

Modeszer

- Egy serpenyőb felforrósítjuk az olajat. Adjuk lázá a halumat, a gyombérpasztát és a fokhagymapürét. Közepes lángon addigi sütjük, amig a hagyma aranybarna nem lesz.
- Adjuk lázá a csirkét, a chiliport, a kurkumát, az őrölt köményt és a cukrot. Mezclar durante 5-6 minutos.
- Adjuk hózá a móstó hózávalót. 40 minutos pároljuk, és forrón tálaljuk.

Grillcsirke

para 4 personas

Přiválók

es simplemente de buen gusto

1 evőkanál malátaecet

1 teáskanál őrölt fekete bors

1 cucharadita de pasta de jengibre

1 cucharadita de pasta fokhagyma

2 cucharaditas de garam masala

1 kg/2¼ lb de queso, 8 calorías

2 evőkanál ghí

2 nagy hagyma, aprora vágva

2 paraíso, aprora vágva

Modeszer

- Keverje ösze a sót, az ecetet, a borsot, a gyombérpasztát, a fokhagymapürét és a garam masalat. Pácold a csirkét ezzel a mikroskel egy hätn szötzel.
- Egy serpenyőb felforrósítjuk a ghit. Júadjuk a halumat, és medító lángon barnára piritjuk.
- Pjuadjuk a paradisimosot és a pácolt csirkét. Mezclar durante 4-5 minutos.
- Vegylem le a tűzről, és grillezkum a mikkuset durante 40 minutos. Forrón táaljuk.

Sült kacsa borsal

para 4 personas

Příválók

2 evőkanál malátaecet

1½ cucharaditas de pasta de jengibre

1 cucharadita de pasta fokhagyma

es simplemente de buen gusto

1 teáskanál őrölt fekete bors

pollo 1kg/2¼lb

2 evőkanál vaj

2 evőkanál finomitott növéni olaj

3 nagy hagyma, szeletelve szeletelve

4 paraíso, aprora vágva

1 cucharadita de azúcar

500 ml/16 onzas líquidas

Modeszer

- Keverjük ösze az ecetet, a gyömbérpasztát, a fokhagymapürét, a sót és a borsot. A kacsát villaval szezurkajlók, és ezzel a microskel 1 hourn át pácoljuk.
- A vajat és az olajat götts hevítsük fel egy serpenyőb. Adjuk kolaža a halumat és a paradizamosot. 3-4 minutos de cocción a fuego medio. Agregue kácsát, cukrot és vizet. Jól össöszümzið es 45 minutos pároljuk. Forrón táaljuk.

Csirke Bhuna

(Joghurtban főtt csirke)

para 4 personas

Příválók

4 evőkanál finomitott növéni olaj

1 kg/2¼ lb de queso, 12 libras

1 cucharadita de pasta de jengibre

1 cucharadita de pasta fokhagyma

½ cucharadita de cúrcuma

2 nagy hagyma, aprora vágva

1½ cucharaditas de garam masala

1 cucharadita de őrölt fekete bors fresco

150 g/5½ oz de yogur feluvert

es simplemente de buen gusto

Modeszer

- Egy serpenyőb felforrósítjuk az olajat. Agregue el caldo, a fuego medio, durante 6-7 minutos. El drenaje es de repuesto.
- Ünnahhoz az olajhoz adjuk lázá a gyömbérpasztát, a fokhagymapürét, a kurkumát és a halummat. Közepes largo 2 minutos főzük, çıkı kevergetve.
- Addjuk a sült csirkét és az szös sbő közávalót. Durante 40 minutos főzük kızıl lángon. Forrón táaljuk.

Tojásos csirke curry

para 4 personas

Příválók

6 gerezd fokhagyma

2,5 cm/1 pulgada gyombérgyökér

25 g/1 onza de reszelt friss kókuszdió

2 cucharaditas de máximo

1 cucharadita de garam masala

1 teáskanál köménymag

1 evőkanál cilantromag

1 cucharadita de cúrcuma

es simplemente de buen gusto

4 evőkanál finomitott növéni olaj

2 nagy hagyma, aprora vágva

1 kg/2¼ lb de queso, 8 calorías

4 tojás hérmre főzve és félbevágva

Modeszer

- Un fokhalumat, un gyombért, un kókuszt, un mákot, un garam masala-t, un köménymagot, un koriandermagot, un kurkumát és a sót össédarajlók. Félretesz.
- Egy serpenyőb felforrósítjuk az olajat. Adjuk lózá a halumat és az őrölt pasztát. 3-4 minutos de cocción a fuego medio. Adjuk lógás a csirkét, és jól szíké ösze.
- 40 minutos de duración. Díszítsük tojással és melegen tálaljuk.

Fűszeres sült csirke

para 4 personas

Příválók

1 kg/2¼ lb de queso, 8 calorías

8 fl oz/250 ml de aceite refinado

Un savanyúsághoz:

1½ cucharaditas de hojas de cilantro

4 vainas de cardamomo verde

Tamaño de 7,5 cm/3 pulgadas.

½ teáskanál édesköménymag

1 cucharada de garam masala

4-6 gerezd fokhagyma

2,5 cm/1 pulgada gyombérgyökér

1 nagy hagyma, lereszelve

1 tomate grande, hecho puré

es simplemente de buen gusto

Modeszer

- A páchoz való szós kózásvalót összemorzsoljuk. Pácold a csirkét ezzel a mikroskelkel durante 30 minutos.
- A pácolt csirkét serpenyőb, medio largo 30 minutos sütjük, itőnként megkeverve.
- Para evitar el calentamiento, es necesario dejar actuar durante 5-6 minutos. Forrón táaljuk.

Goan Kombdi

(Pollo al curry de Goa)

para 4 personas

Přívalók

1 kg/2¼ lb de queso, 8 calorías

es simplemente de buen gusto

½ cucharadita de cúrcuma

6 pimentones picantes

5 szegfűszeg

5 cm/2 pulgadas de tamaño

1 evőkanál cilantromag

½ teáskanál grekkszéna mag

½ cucharadita de mostármag

4 evőkanál olaj

1 cucharada de pasta de tamarindo

500 ml/16 fl oz de cocción

Modeszer

- Pácold be a csirkét a sóval és a kurkumával 1 hátn át. Félretesz.
- A chilit, a szegfűszeget, a fahéjat, a koriandermagot, a grékskszénamagot és a mustármagot szászám számó pépesre őröljük.
- Egy serpenyőb felforrósítjuk az olajat. 4 minutos sütjük a nästet. Adjuk lázá a csirkét, a tamarindpasztát és a kókusztejet. 40 minutos pároljuk, és forrón tálaljuk.

curry delicatessen csirke

para 4 personas

Příválók

16 kesudió

6 pimentones picantes

2 evőkanál cilantro

½ teáskanál köménymag

1 citromlé evőkanál

5 evőkanál ghí

3 nagy hagyma, aprora vágva

10 gerezd fokhagyma, finomra vágva

2,5 cm gyömbérgyökér, aprora vágva

1 kg/2¼ lb de queso, 12 libras

1 cucharadita de cúrcuma

es simplemente de buen gusto

500 ml/16 fl oz de cocción

Modeszer

- Un kesudiót, un chili paprikát, un koriandermagot, un köménymagot és a citromlevet szászám veszúm sima masszává daráljuk. Félretesz.
- Melegítsük fel a ghít. Adjuk lózás a halummat, a fokhalumat és a gyombért. Cocine por 2 minutos.
- Adjuk lázá a csirkét, a kurkumát, a sót és a kesudiópasztát. Sütjük durante 5 minutos. Adjuk kolaža a kókusztejet és pároljuk 40 minutos. Forrón táaljuk.

nizami csirke

(Sáfrányal és mandulával főtt csirke)

para 4 personas

Příválók

4 evőkanál finomitott növéni olaj

1 nagy csirke 8 darabra vágva

es simplemente de buen gusto

750 ml/1¼ pinta

½ teáskanál sáfrány, 2 tk tejbe áztatva

A fűszerkeverékhez:

1 pasta de gyombé evőkanál

3 evőkanál máximo

5 pimentones picantes

25 g/1 onza de kókuszdió seco

20 almendras

6 evőkanál tej

Modeszer
- A fűszerkeverék kózávalóit simára őröljük.
- Egy serpenyőb felforrósítjuk az olajat. Durante 4 minutos, sütjük a nästet köy lángon.
- Adjuk lázá a csirkét, a sót és a tejet. 40 minutos pároljuk, jakku kevergetve. Adjuk lóza a safrányt, és pároljuk durante otros 5 minutos. Forrón táaljuk.

bivalvo kacsa

(Zöldségekkel fött kacsa)

para 4 personas

Příválók

4 evőkanál ghí

3 nagy hagyma negedelve

750 g/1 fuente 10 unciás kacsa, 8 darabra vágva

3 nagy burgonya kockákra vágva

50 g de káposzta aprora vágva

200 g/7 oz de borsó congelado

1 cucharadita de cúrcuma

4 zöld de chile, hosszában felszeletelve

1 teáskanál őrölt fahéj

1 teáskanál őrölt szegfűszeg

30 g de mentalévél finamente picado

es simplemente de buen gusto

750 ml/1¼ pinta

1 evőkanál malátaecet

Modeszer

- Egy serpenyőb felforrósítjuk a ghit. Júadjuk a halumat, és medító lángon barnára piritjuk. Adjuk lózá a kacsát és főzük 5-6 minutos.
- Adjuk lógás a músbo lógásvalót, excepto a vizet és az ecetet. Sütjük durante 8 minutos. Adjunk krajás vizet és ecetet. 40 minutos de duración. Forrón táaljuk.

Adraki Murgh

Gyères csirke

para 4 personas

Příválók

2 evőkanál finomitott növéni olaj

2 nagy hagyma, aprora vágva

2 evőkanál gyombér paszta

½ teáskanál fokhagyma paszta

½ cucharadita de cúrcuma

1 cucharada de garam masala

1 paraíso, aprora vágva

1 kg/2¼ lb de queso, 12 libras

es simplemente de buen gusto

Modeszer

- Egy serpenyőb felforrósítjuk az olajat. Júadjuk a halumat, a gyombérpasztát és a fokhagymapürét, és medíð largo 1-2 minutos piritjuk.
- Agregue todos los demás ingredientes y revuelva durante 5-6 minutos.
- Se mezcla durante 40 minutos grillezkum, és forrón tálaljuk.

Bharva Murgh

(töltett csirke)

para 4 personas

Přívalók

½ cucharadita de pasta de jengibre

½ teáskanál fokhagyma paszta

1 cucharadita de pasta de tamarindo

1 kg/2¼ fuente csirke

75 g/2½ onzas de ghee

2 nagy hagyma, aprora vágva

es simplemente de buen gusto

3 nagy burgonya, aprora vágva

2 cucharaditas de hojas de cilantro

1 teáskanál őrölt kömény

1 cucharada de mostaza en polvo

50 g de nivel de cilantro picado

2 szegfűszeg

1 pulgada/2,5 cm de tamaño

Modeszer

- Keverjük ösze a gyömbért, a fokhalumat és a tamarindpasztát. Enfríe el microondas durante 3 horas. Félretesz.
- A ghit egy serpenyőb felforrósítjuk, és a halumat aranybarnára piritíkúm. Addjuk az szös szbo kázávalót, excepto a pácolt csirkét. Sütjük durante 6 minutos.
- Ezt a pácolt a pácolt csirkehúsba töltjük. 190°C-os sütüben 45 minutos sütjük. Forrón táaljuk.

Malaidar Murgh

(tejszínes sószban főtt csirke)

para 4 personas

Příválók
4 evőkanál finomitott növéni olaj

2 nagy hagyma, aprora vágva

tk őrölt szegfűszeg

es simplemente de buen gusto

1 kg/2¼ lb de queso, 12 libras

250 ml/8 onzas

3 paraíso, aprora vágva

125 g/4½ oz de yogur, feluvert

500ml/16fl oz de crema líquida

2 evőkanál kesudió, darált

10 g de korianderlevél apropiado vágva

Modeszer

- Egy serpenyőb felforrósítjuk az olajat. Adjuk lózá a halumat, a szegfűszeget és a sót. 3 minutos de cocción a fuego medio. Agregue csirkét, es 7-8 minutos pirijuk.
- Agrega agua a la salsa. Sütjük durante 30 minutos.
- Adjuk láža a joghurtot, a tejszínt és a kesudiót. 10 minutos de forraljuk.
- Korianderlevéllel özrezjük, és forrón tálaljuk.

Pollo al curry de Bombay

para 4 personas

Príválók

8 evőkanál finomitott növéni olaj

1 kg/2¼ lb de queso, 12 libras

2 nagy hagyma, aprora vágva

1 cucharadita de pasta de jengibre

1 cucharadita de pasta fokhagyma

4 szegfűszeg, darálva

2,5 cm de diámetro

1 teáskanál őrölt kömény

es simplemente de buen gusto

2 paraíso, aprora vágva

500 ml/16 onzas líquidas

Modeszer

- Egy serpenyőb felforrósítjuk az olaj félet. Agregue csirkét, és medium lángon főzük durante 5-6 minutos. Félretesz.
- A rágág olajat egy serpenyőb felforrósítjuk. Pújaadjuk a hagymat, a gyömbérpasztát és a fokhagymapürét, és medóði lángon addige piritjuk, amig a hagyma megpirul. Se exceptúa Pújaadjuk a zboči kózávalót a víz és a csirke. Freír durante 5-6 minutos.
- Júadjuk a sült csirkét és a vizet. 30 minutos pároljuk, és forrón tálaljuk.

ciudad de Durbari

(Csirke gászád sószban)

para 4 personas

Příválók

150 g/5½ onzas de chana dhal*

es simplemente de buen gusto

1 litro/1¾ pinta

2,5 cm/1 pulgada gyombérgyökér

10 gerezd fokhagyma

4 pimentones picantes

3 evőkanál ghí

2 nagy hagyma, aprora vágva

½ cucharadita de cúrcuma

2 cucharadas de garam masala

½ evőkanál mák

2 paraíso, aprora vágva

1 kg/2¼ lb de queso, 10-12 calorías

2 cucharaditas de pasta de tamarindo

20 kesudió, törve

250 ml/8 onzas

250 ml/8 fl oz de kókusztej

Modeszer

- Keverjük ösze a dhalt sóval és a víz felével. Egy serpenyőb, término medio főzük durante 45 minutos. A gyömbérrel, fokhalumkaval és pirospaprikával pépesre morzsoljuk.
- Egy serpenyőb felforrósítjuk a ghit. Adjuk lógás a halumat, a dhal mikkuset és a kurkumát. 3-4 minutos de cocción a fuego medio. Añadir a todos los demás elementos.
- Jól összemzigüt, és ittőnként megkeverve pároljuk 40 minutos. Forrón táaljuk.

Sült kacsa

para 4 personas

Příválók

3 evőkanál malátaecet

2 evőkanál őrolt cilantro

½ teáskanál őrölt fekete bors

es simplemente de buen gusto

1 kg/2¼ kacsa fuente, 8 darabra vágva

60 ml de aceite vegetal refinado

2 kis hagyma

1 litro/1¾ pinta de forró víz

Modeszer

- Keverjük ösze az ecetet az őrölt korianderrel, sóval és borssal. Pácold ezzel a mikroskel a kacsát 1 hora át.
- Egy serpenyőb felforrósítjuk az olajat. A hálumat medító lángon barnára pirítjuk.
- Adjunk kázá vizet, sót és kacsát. 45 minutos pároljuk, és forrón tálaljuk.

Korianderes és fokhalummas csirke

para 4 personas

Příválók

4 evőkanál finomitott növéni olaj

5 cm/2 pulgadas de tamaño

3 vainas de cardamomo verde

4 szegfűszeg

2 niveles de bebé

3 nagy hagyma, aprora vágva

10 gerezd fokhagyma, finomra vágva

1 cucharadita de pasta de jengibre

3 paraíso, aprora vágva

1 nagy csirke, darabokra vágva

250 ml/8 onzas

150 g de korianderlevél approra vágva

es simplemente de buen gusto

Modeszer

- Egy serpenyőb felforrósítjuk az olajat. Agregue fahéjat, kardamomot, szegfűszeget, babérlevelet, halummat, fokhalumat és gyombérpasztát. Cocine durante 2-3 minutos.
- Añadir a todos los demás elementos. 40 minutos pároljuk, és forrón tálaljuk.

masala de pollo

para 4 personas

Příválók

30 g de ghee más 1 evőkanál sütéshez

1 nagy vöröshagyma, pítira szeletelve

1 cucharadita de pasta de jengibre

1 cucharadita de pasta fokhagyma

1 cucharadita de cilantro

½ teáskanál őrölt fekete bors

1 cucharadita de cúrcuma

1 kg/2¼ lb de kacsa, 12 darabra vágva

1 evőkanál malátaecet

es simplemente de buen gusto

5 cm/2 pulgadas de tamaño

3 szegfűszeg

1 cucharadita de mostaza

Modeszer

- Egy serpenyőb felforrósítunk 30 g de ghee. Adjuk lázá a halumat, a gyombérpasztát, a fokhagymapürét, a koriandert, a borsot és a kurkumát. Sütjük durante 6 minutos.
- Adjuk lógás a kacsát. Közepes largo pároljuk 5 minutos. Agregue ecetet és sót. Jól össöszümzið es 40 minutos pároljuk. Félretesz.
- Egy serpenyőb felforrósítjuk a zboi ghee-t, majd azádjuk a fahéjat, a szegfűszeget és a mustármagot. Haga una pausa de 15 segundos. Ráöntjük a kacsás mikrosre, és forrón táaljuk.

mostaza csirke

para 4 personas

Příválók

2 desagradables paraísos, aprora vágva

10 g/¼ oz de mentalévél, aproximadamente vágva

30 g de nivel de cilantro picado

2,5 cm gyömbér gyökér, meghámozva

8 gerezd fokhagyma

3 evőkanál aceite de mostaza

2 teáskanál mustármag

½ teáskanál grekkszéna mag

1 kg/2¼ lb de queso, 12 libras

500 ml/16 fl oz de langostinos

es simplemente de buen gusto

Modeszer

- A paradisimosot, a mentaleveleket, a korianderleveleket, a gyombért és a fokhalumat simára őröljük. Félretesz.
- Egy serpenyőb felforrósítjuk az olajat. Adjuk lógás a mustármagot és a grécséna magot. Haga una pausa de 15 segundos.
- Juegue a paradisimpurét, és medio largo piritjuk durante 2-3 minutos. Agregue csirkét, vizet és sót. Jól összöszümzið es 40 minutos pároljuk. Forrón táaljuk.

Murgh Lassanwallah

(fokhalumas csirke)

para 4 personas

Příválók

Yogur 400g/14oz

3 teáskanál fokhagyma paszta

1½ cucharaditas de garam masala

es simplemente de buen gusto

750 g/1 fuente 10 onzas csonst tsirke csirke, 12 darabra vágva

1 evőkanál finomitott növéni olaj

1 teáskanál köménymag

25 g/kis kaporlevél

500 ml de té

1 evőkanál őrölt fekete bors

Modeszer

- Keverjük ösze a joghurtot, a fokhagymapürét, a garam masala-t és a sót. Pácold con esta mezcla un csirkét durante 10-12 horas.
- Az olajat felforrósítjuk. Añade el köménymagot y cocina durante 15 segundos. Agregue al csirkét cocido, es decir, a fuego medio durante 20 minutos.
- Adjuk láža a kaporleveleket, a tejet és a borsot. 15 minutos para raljuk. Forrón táaljuk.

Pimentón csirke Chettinad

(dél-indiai csirke borssal)

para 4 personas

Příválók

2½ evőkanál finomitott növéni olaj

10 hojas de curry

3 nagy hagyma, aprora vágva

1 cucharadita de pasta de jengibre

1 cucharadita de pasta fokhagyma

½ cucharadita de cúrcuma

2 paraíso, aprora vágva

½ teáskanál őrölt édesköménymag

tk őrölt szegfűszeg

500 ml/16 onzas líquidas

1 kg/2¼ lb de queso, 12 libras

es simplemente de buen gusto

1½ teáskanál durvára őrölt fekete bors

Modeszer

- Egy serpenyőb felforrósítjuk az olajat. Adjuk lózás a curry lékelet, a halumat, a gyombért és a fokhagymapürét. Egy minuti sütjük medium langon.
- Añadir a todos los demás elementos. 40 minutos pároljuk, és forrón tálaljuk.

Darált csirke tojással

para 4 personas

Příválók

3 evőkanál finomitott növéni olaj

4 tojás hérmre főzve és felszeletelve

2 nagy hagyma, aprora vágva

2 cucharaditas de pasta de jengibre

2 teáskanál fokhagyma paszta

2 paraíso, aprora vágva

1 teáskanál őrölt kömény

2 cucharaditas de hojas de cilantro

½ cucharadita de cúrcuma

8-10 niveles de curry

1 cucharadita de garam masala

750 g/1 fuente 10 onzas csirke, felapritva

es simplemente de buen gusto

360 ml/12 onzas

Modeszer

- Egy serpenyőb felforrósítjuk az olajat. Adjuk kolaža a tojásokat. Cocine por 2 minutos.
- Ungabban az olajban adjuk lójaz a halummat, a gyömbérpasztát és a fokhagymapürét. 2-3 minutos de cocción a fuego medio.
- Agregue todos los demás ingredientes, excepto el vizet. Jól össöszígde és 5 minutos piritjum. Agrega agua. 30 minutos de duración.
- Díszítsük a tojással. Forrón táaljuk.

Száraz csírke

para 4 personas

Příválók

1 kg/2¼ lb de queso, 12 libras

6 evőkanál finomitott növéni olaj

3 nagy hagyma, szeletelve szeletelve

Un savanyúsághoz:

8 pimentones picantes

1 evőkanál szezámmag

1 evőkanál cilantromag

1 cucharadita de garam masala

4 vainas de cardamomo verde

10 gerezd fokhagyma

3,5 cm/1½ gyömbérgyökérben

6 evőkanál malátaecet

es simplemente de buen gusto

Modeszer

- A pác chós lójavalóját simára turmixoljuk. Pácold ezzel a masszával a csirkét 3 hátnás szúl.
- Egy serpenyőb felforrósítjuk az olajat. A halumat lassú tűzön barnára piritjuk. Agregue al csirkét, és gákyk kevergetve főzük durante 40 minutos. Forrón táaljuk.

kebab

para 4 personas

Příválók

1 kg/2¼ lb de kardhal, bőr nélk és filézve

4 evőkanál finomitott növéni olaj plusz még egy kis sütéshez

75 g/2½ oz de chana dhal*, durante 30 minutos 250 ml vízben áztatjuk

3 szegfűszeg

½ teáskanál köménymag

2,5 cm gyömbér gyökér, reszelve

10 gerezd fokhagyma

1 pulgada/2,5 cm de tamaño

2 db fekete cardamomo alto

8 szem fekete bors

4 pimentones secos

tk cúrcuma

1 yogur griego evőkanál

1 teáskanál fekete köménymag

A töltelékhez:

2 syristott füge, aprora vágva

4 sarytott sárgabarack, aprora vágva

1 limón leve

10 g/¼ oz de mentalével, aproximadamente vágva

10 g/¼ oz de cantidad de cilantro, aproximadamente vágva

es simplemente de buen gusto

Modeszer

- Pároljuk a bata durante 10 minutos a fuego medio. Félretesz.

- Egy serpenyőb felforrósítunk 2 evőkanál olajat. A dhalt lecsepegtetjük, és medító lángon aranybarnára sütjük.

- Keverje ösze a dhalt a szegfűszeggel, köménymaggal, gyömbérrel, fokhalumgaval, fahéjjal, kardamommal, szemes borssal, pirospaprikával, kurkumával, joghurttal és feketeköménymaggal. Ezt a mikkuset söfükte veszüme simára őröljük. Félretesz.

- Egy serpenyőb felforrósítunk 2 evőkanál olajat. Agregue esto a la masa y cocine durante 4-5 minutos a medio-medio.

- Pjuadjuk una bata de párolt. Mezclar bien y revolver durante 2 minutos.

- Mezcló 8 részre östjuk, és pogácsákat formálunk a partir de él. Félretesz.

- A töltelékhez minden közávalót összkeverünk. Osszuk 8 partes.

- Lapítsuk el a pogácsákat, és závádgan sélezzenk a töltelékből minden lepény tetejére. Zárja be, lie egy zacskót, és görgessen bersa golyóvá. Koppintson laposra a golyókat.

- Egy serpenyőb felforrósítjuk a főtőolajat. Júadjuk a pogácsákat, és medító lángon aranybarnára sütjük. Menj vissà és ökteteld meg.

- Konyhai papiron leszörtjük és melegen tálaljuk.

Halszelet

para 4 personas

Příválók

500 g/1 fuente 2 onzas ördögfarok, bőr nélk és filézve

500 ml/16 onzas líquidas

es simplemente de buen gusto

1 evőkanál finomitott növéni olaj és még egy kis sütéshez

1 pasta de gyombé evőkanál

1 paszta de fokhagyma evőkanál

1 nagy hagyma, finomra reszelve

4 chiles verdes, lereszelve

½ cucharadita de cúrcuma

1 cucharadita de garam masala

1 teáskanál őrölt kömény

1 cucharadita de chile por

1 tomate, blansírozva és felszeletelve

25 g/kis cilantro nivel, aproximadamente vágva

2 evőkanál mentalévél, aprora vágva

400 g/14 onzas de fött borsó

2 szelet kenyér vízbe áztatva és lecsepegtetve

50 g de zsemlemorzsa

Modeszer

- Coloque una bata egy serpenyőbe con agua. Sózzuk, és medium lángon főzük durante 20 minutos. El drenaje es de repuesto.

- A töltelékhez egy serpenyőb 1 evőkanál olajat hevítünk. Adjuk lóza a gyombérpasztát, a fokhagymapürét és a halummat. 2-3 minutos de cocción a fuego medio.

- Agregue zöldpaprikát, kurkumát, garam masala-t, az őrölt köményt és a chiliport. Cocine por un minuto.

- Añade un paraíso Cocine durante 3-4 minutos.

- Agregue un korianderleveleket, un mentaleveleket, un borsót és un kenyérszeleteket. Jól össekeverni. Lassú tűzön 7-8 minutos főzük, ittőnként megkeverve. Levémêm a tűzről, és jól seggyúrjuk a mikkuset. Osszuk 8 erző részre, és tegylem sárzre.

- Un megfőtt halat purésítjük és 8 részre östjuk.

- A hal minden erösö egy csészébe formázzuk, és töltsük meg a töltelék mikrosével. Zsák le, mint egy zacskót, forgassuk golyóvá és formázzuk ós, mint egy szeletet. Ismételje meg a öppöset a szülödó halrészekkel és a töltelékkel.

- Egy serpenyőb felforrósítjuk a főtőolajat. A szeleteket zsemlemorzsába forgatjuk, és meditál lángon aranybarnára sütjük. Forrón táaljuk.

Sookha hal

(Szárítót hal fűszernövényekkel)

para 4 personas

Příválók

1 cm gyömbér gyökér

10 gerezd fokhagyma

1 evőkanál korianderlevél, aprora vágva

3 pimientos verdes

1 cucharadita de cúrcuma

3 cucharaditas de chile por

es simplemente de buen gusto

1 kg/2¼ lb de kardhal, bőr nélk és filézve

50 g/1¾ oz de kókuszdió seco

6-7 kokum*, 1 hora con 120 ml vízben áztatjuk

4 evőkanál finomitott növéni olaj

60 ml

Modeszer

- Keverje ösze a gyombért, a fokhalumat, a korianderleveleket, a zöld chilit, a kurkumát, a chiliport és a sót. Ezt a mikrosset sima masszává őröljük.

- Pácold a halat a nästeval 1 hora át.

- Melegítsen fel egy serpenyőt. Agrégale kókuszt. Száraz pörkölés medium lángon durante un minuto.

- Dobja ki a kokum bogyókat, és addjon kázá kokum vizet. Jól össekeverni. Vegylem le a tűzről, és adjuk kláža ezt a pácolt halhoz.

- Egy serpenyőb felforrósítjuk az olajat. Añade un halkeveréket y cocina durante 4-5 minutos.

- Agrega agua. Jól össekeverni. Fedjük le feedőkal, és itőnként megkeverve pároljuk durante 20 minutos.

- Forrón táaljuk.

Mahya Kalia

(Kókuszos hal, szezámmag és földimogyoró)

para 4 personas

Příválók

100 g/3½ onzas de friss kókuszdió, reszelve

1 cucharada de szezámmag

1 evőkanál földimogyoró

1 cucharada de pasta de tamarindo

1 cucharadita de cúrcuma

1 cucharadita de cilantro

es simplemente de buen gusto

250 ml/8 onzas

500 g/1 fuente 2 onzas de filete kardhal

1 evőkanál aprora vázt korianderlevél

Modeszer

- A kókuszt, a szezámmagot és a földimogyorót száraon pörköljük götts. Keverjük ösze tamarindpasztával, kurkumával, őrölt korianderrel és sóval. Elegendő con agua simára őröljük.

- Forraljuk ezt a mikrosset a szälle veszüm egy serpenyöb, a fuego medio durante 10 minutos, a menudo kevergetve. Juadjuk a halfiléket és 10-12 minutos pároljuk. Korianderlevéllel özrezjük, és forrón tálaljuk.

Garnélarák Curry Rosachi

(Kókuszos főtt garnélarák)

para 4 personas

Příválók

200 g/7 oz de friss kokusz, reszelve

5 pimentones picantes

1½ cucharaditas de cilantro mag

1½ cucharaditas de máximo

1 teáskanál köménymag

½ cucharadita de cúrcuma

6 gerezd fokhagyma

120 ml de aceite vegetal refinado

2 nagy hagyma, aprora vágva

2 paraíso, aprora vágva

250 g de garnélarák, meghámozva és kivágva

es simplemente de buen gusto

Modeszer

- A kókuszt, a chili paprikát, a koriandert, a mákot, a köménymagot, a kurkumát és a fokhalmát szászám vezúmá simára őröljük. Félretesz.

- Egy serpenyőb felforrósítjuk az olajat. A halumat lassú tűzön barnára piritjuk.

- Adjuk lógás a pirospaprika pépet a darált kókuszhoz, a paradísomshoz, a garnélarákhoz és a sózzuk. Jól össekeverni. 15 minutos főzük, ittőnként megkeverve. Forrón táaljuk.

Datolyával és Mandulával tölltöt hal

para 4 personas

Příválók

4 pisztráng, egyentok 250 g, vertical vágva

½ cucharadita de chile por

1 cucharadita de pasta de jengibre

250 g de datolya fresca sin mag, blansírozva és aprora vágva

75 g de almendras, blansírozva és apróra vágva

2-3 evőkanál párolt rizs (ver<u>aquí</u>)

1 cucharadita de azúcar

¼ teáskanál őrölt fahéj

½ teáskanál őrölt fekete bors

es simplemente de buen gusto

1 nagy vöröshagyma, pítira szeletelve

Modeszer

- Pácold be a halat a chiliporral és a gyömbérpasztával 1 hora át.

- Keverje ösze a datolyát, a mandlát, rizst, cukrot, fahéjat, a sót és a borsot. Gyúrjuk lágy nástová. Félretesz.

- Töltsük a datolyás-mandulás masszát a pácolt hal réseibe. A tölltót halat alufóliára szélzézük, és rászórjuk a halmál.

- A halat és a halumat fóliába pakagoljuk, a háleit jól lezárjuk.

- Süssük 200°C-on (400°F, gázfokon 6) durante 15-20 minutos. Vegylem le a fóliát a vapakkanról, és sussük még 5 minutes a robe. Forrón táaljuk.

salón tandoori

para 4 personas

Příválók

1 cucharadita de pasta de jengibre

1 cucharadita de pasta fokhagyma

½ cucharadita de garam masala

1 cucharadita de chile por

1 citromlé evőkanál

es simplemente de buen gusto

500 g de filete de ördögfark

1 cucharada de chaat masala*

Modeszer

- Keverje ösze a gyömbérpasztát, a fokhagymapürét, a garam masala-t, a chiliport, a citromlevet és a sót.

- Vágjon hasításokat a halra. 2 horas en el microondas.

- Asa la bata durante 15 minutos. Megszórjuk chaat masala-wave. Forrón táaljuk.

Verduras

para 4 personas

Příválók

750 g/1 fuente 10 oz lazacfilé, bőr nélk

½ cucharadita de cúrcuma

es simplemente de buen gusto

2 evőkanál aceite de mostaza

tk mustármag

tk édesköménymag

teáskanál hagymamag

tk grekkszéna revista

tk köménymag

2 niveles de bebé

2 pizcas de pirospaprika, félbevágva

1 nagy vöröshagyma, pítira szeletelve

2 chiles nagy zöld, hosszában felszeletelve

½ cucharadita de azúcar

125 g/4½ oz de borsó enlatado

1 nagy burgonya, csíkokra vágva

2-3 kilos de berenjena en juliana vágva

250 ml/8 onzas

Modeszer

- Pácold be a halat kurkumával és sóval 30 minutos.

- Egy serpenyőb felforrósítjuk az olajat. Agregue un pacolt halat, és medíð largo 4-5 minutos főzük, ittőnként megforgatva. El drenaje es de repuesto.

- Ünnahhoz az olajhoz adjunk kláža mustárt, édesköményt, halummat, grékskészéna- és köménymagot. Haga una pausa de 15 segundos.

- Júadjuk a babérlevelet és a pirospaprikát. Cocine por 30 segundos.

- Agrega el ajo y el pimiento verde. Közepes lángon addigi piritjuk, amig a hagyma megbarnul.

- Agregue cukrot, borsót, burgonyát és padlizsánt. Jól össekeverni. Mezclar y cocinar durante 7-8 minutos.

- Jjuadjuk a sült halat és a vizet. Jól össekeverni. Fedőval dejó 12-15 minutos pároljuk, itőnként megkeverve.

- Forrón táaljuk.

Tandoor Gülnar

(Tandoorban főtt pisztráng)

para 4 personas

Příválók

4 pisztráng, equivalentes a 250 g/9 onzas

ecsethez vaj

Az primer páchoz:

120 ml de malta sin sal

2 citromlé evőkanál

2 teáskanál fokhagyma paszta

½ cucharadita de chile por

es simplemente de buen gusto

Un segundo páchoz:

Yogur 400g/14oz

1 huevo

1 cucharadita de pasta fokhagyma

2 cucharaditas de pasta de jengibre

120 ml friss líquido tejszín

180 g/6½ oz de besan*

Garnélarák zöld masalaval

para 4 personas

Příválók

1 cm gyömbér gyökér

8 gerezd fokhagyma

3 zöld de chile, hosszában felszeletelve

50 g de nivel de cilantro picado

1½ evőkanál finomitott növéni olaj

2 nagy hagyma, aprora vágva

2 paraíso, aprora vágva

500 g de nagy garnélarák, meghámozva és kihámozva

1 cucharadita de pasta de tamarindo

es simplemente de buen gusto

½ cucharadita de cúrcuma

Modeszer

- Un gyombért, un fokhalumat, un chilipaprikát és un korianderlevelet öszédarajlók. Félretesz.
- Egy serpenyőb felforrósítjuk az olajat. A halumat lassú tűzön barnára piritjuk.
- Adjuk lógás a gyombé-fokhalumas pépet és a paradísimosot. Sütjük durante 4-5 minutos.
- Adjuk lázá a garnélarákot, a tamarindpasztát, a sót és a kurkumát. Jól össekeverni. 15 minutos főzük, ittőnként megkeverve. Forrón táaljuk.

Halszelet

para 4 personas

Příválók

2 huevos

1 evőkanál sima fehér liszt

es simplemente de buen gusto

400 g San Pedro, bőr nélk és filézve

500 ml/16 onzas líquidas

2 nagy burgonya, megfőzve és pépesítve

1½ cucharaditas de garam masala

1 nagy hagyma, lereszelve

1 cucharadita de pasta de jengibre

Finomitott növéni olaj sütéshez

200 g/7 onzas de zsemlemorzsa

Modeszer

- A tojást felverjük a liszttel és a sóval. Félretesz.
- A halat sós vízben egy serpenyőb, medium langon főzük 15-20 minutos. Lecsepegtetjük, és a burgonyával, garam masalaval, hálumaval, gyömbérmasszával és sóval lágy nástová gyúrjuk.
- dieciséis.
- Egy serpenyőb olajat hevítünk. A szeleteket felvert tojásba mártjuk, zsemlemorzsába forgatjuk, és lassú tűzön aranybarnára sütjük. Forrón táaljuk.

Parsi Vis Sas

(Fehér sószban főtt hal)

para 4 personas

Přívá lók

1 evőkanál rizsliszt

1 azúcar evőkanál

60 ml de malta sin sal

2 evőkanál finomitott növéni olaj

2 nagy hagyma, szeletelve szeletelve

½ cucharadita de pasta de jengibre

½ teáskanál fokhagyma paszta

1 teáskanál őrölt kömény

es simplemente de buen gusto

250 ml/8 onzas

8 filetes de limón

2 huevos, fieltro

Modeszer

- A rizslisztet a cukorral és az ecettel pépesre morzsoljuk. Félretesz.
- Egy serpenyőb felforrósítjuk az olajat. A halumat lassú tűzön barnára piritjuk.
- Adjuk lázá a gyömbérpasztát, a fokhagymapürét, az őrölt köményt, a sót, a vizet és a halat. Lassú tűzön 25 minutos főzük, ittőnként megkeverve.
- Adjuk kolaža a lisztes microsset, és pirítsuk egy minute.
- Óvatosan adjuk lája a tojásokat. Revuelva por un minuto. Díszítsük és forrón tálaljuk.

Peshawar Machhi

para 4 personas

Příválók

3 evőkanál finomitott növéni olaj

1 kg/2¼ lb de lazac, filete vágva

2,5 cm gyömbér gyökér, reszelve

8 gerezd zúzott fokhagyma

2 nagy hagyma, aprora vágva

3 paradisos, blansírozva és aprora vágva

1 cucharadita de garam masala

Yogur 400g/14oz

tk cúrcuma

1 cucharadita de amchoor*

es simplemente de buen gusto

Modeszer

- Az olajat felforrósítjuk. A halat kis lángon aranybarnára sütjük. El drenaje es de repuesto.

- Ungabban az olajban adjunk kláža gyombért, fokhalumat és halummat. Lassú tűzön pároljuk 6 minutos. Agregué un abrigo y todas las demás cosas. Jól össekeverni.
- 20 minutos pároljuk, és forrón tálaljuk.

curry de cangrejo

para 4 personas

Příválók

4 rak medianos, megtisztiva (ver<u>técnicas</u>)

es simplemente de buen gusto

1 cucharadita de cúrcuma

½ kókusz, reszelve

6 gerezd fokhagyma

4-5 pimentones

1 evőkanál cilantromag

1 evőkanál köménymag

1 cucharadita de pasta de tamarindo

3-4 zöldpimentón, hosszában felszeletelve

1 evőkanál finomitott növéni olaj

1 nagy hagyma, aprora vágva

Modeszer

- Pácold be a rákot sóval és kurkumával durante 30 minutos.
- Az olaj és a hagyma excepte az szös mzbo kózávalót söztát számát simára őröljük.
- Egy serpenyőb felforrósítjuk az olajat. Az őrölt pastat és a hagmat lassú tűzön pirítsuk, amig a hagyma megpirul. Añade un poco de agua. Paroljuk 7-8 minutos, ittőnként megkeverve. Adjuk kolaža a pácolt rákot. Mezclar bien y cocinar por 5 minutos. Forrón táaljuk.

mostaza

para 4 personas

Přívalók

8 evőkanál aceite de mostaza

4 pistzráng, equivalentes a 250 g/9 onzas

2 teáskanál őrölt kömény

2 cucharaditas de mostaza

1 cucharadita de cilantro

½ cucharadita de cúrcuma

120 mililitros de vino

es simplemente de buen gusto

Modeszer

- Egy serpenyőb felforrósítjuk az olajat. Agregue para cubrir, a fuego medio durante 1-2 minutos. Fordítsa meg a robe, és ékételje meg. El drenaje es de repuesto.
- Unnahhoz az olajhoz adjunk őrölt köményt, mustárt és koriandert. Haga una pausa de 15 segundos.
- Adjuk lázá a kurkumát, a vizet, a sót és a sült halat. La duración de la operación es de 10 a 12 minutos. Forrón táaljuk.

Meen Vattichathu

(fűszerekkel fűtt vörös álsügér)

para 4 personas

Príválók

600g 5oz kardhal, bőr nélk és filézve

½ cucharadita de cúrcuma

es simplemente de buen gusto

3 evőkanál finomitott növéni olaj

½ cucharadita de mostármag

½ teáskanál grekkszéna mag

8 niveles de curry

2 nagy hagyma, szeletelve szeletelve

8 gerezd fokhagyma, aprora vágva

5 cm gyömbér, szeletelve pítira

6 kokum*

Modeszer

- Pácold be a halat kurkumával és sóval durante 2 horas.
- Egy serpenyőb felforrósítjuk az olajat. Adjunk kláža mustárt és grékskszéna magot. Haga una pausa de 15 segundos. Agrega un abrigo a todos los demás artículos. Lassú tűzön pároljuk 15 minutos. Forrón táaljuk.

Viszlát Maach

(Joghurtban fött hal)

para 4 personas

Příválók

4 pisztráng meghámozva és filézve

2 evőkanál finomitott növéni olaj

2 niveles de bebé

1 nagy hagyma, aprora vágva

2 cucharaditas de azúcar

es simplemente de buen gusto

200 g/7 oz de yogur

Un savanyúsághoz:

3 szegfűszeg

5 cm-es fahéj darab

3 vainas de cardamomo verde

5 cm/2 pulgadas gyombérgyökér

1 nagy vöröshagyma, pítira szeletelve

1 cucharadita de cúrcuma

es simplemente de buen gusto

Modeszer

- A páchoz való szós kózásvalót összemorzsoljuk. Páfrío bata con esta mezcla durante 30 minutos.
- Egy serpenyőb felforrósítjuk az olajat. Pjuadjuk a babérlevelet és a halumat. Lassú tűzön 3 minutos pároljuk. Agrega el azúcar, la sal y el pácolt. Jól össekeverni.
- piritjum durante 10 minutos. Adjuk lóza a joghurtot és főzük 8 minutos. Forrón táaljuk.

Sült hal

para 4 personas

Příválók

6 evőkanál besan*

2 cucharaditas de garam masala

1 cucharadita de amchoor*

1 cucharadita de magdalena ajwain

1 cucharadita de pasta de jengibre

1 cucharadita de pasta fokhagyma

es simplemente de buen gusto

675 g/1½ fuente ördögfarok, bőr nélk és filézve

Finomitott növéni olaj sütéshez

Modeszer

- Keverje össé az çöss közávalót, excepto a halat és az olajat, ánny veszát, hogy gászá masszát kapjon. Pácold ezzel a masszával a robe 4 hátn át.
- Egy serpenyőb felforrósítjuk az olajat. Jjuadjuk a robe, és médió lángon sütjük for 4-5 minutes. Fordítsuk meg és főzük nuevamente durante 2-3 minutos. Forrón táaljuk.

Machher szelet

para 4 personas

Příválók

500 g/1 fuente 2 onzas de lazac, bőr nélk és filézve

es simplemente de buen gusto

500 ml/16 onzas líquidas

250 g/9 onzas de burgonya, főtt és pépesítve

200ml mostaza

2 nagy hagyma, aprora vágva

½ cucharadita de pasta de jengibre

½ teáskanál fokhagyma paszta

1½ cucharaditas de garam masala

1 rollo de huevo

200 g/7 onzas de zsemlemorzsa

Finomitott növéni olaj sütéshez

Modeszer

- Ljejce a halat egy serpenyőbe sóval és veszúm. Közepes dura 15 minutos. Lecsöpgottetjük és a burgonyával pépesítjük. Félretesz.
- Egy serpenyőb felforrósítjuk az olajat. Júadjuk a halumat, és medító lángon barnára piritjuk. Pújaadjuk a

halkeveréket és az zócs sbólá kózávalót, excepto a tojást és a zsemlemorzsát. Jól összemzigüt és low lángon főzük durante 10 minutos.

- Hagyjuk kihűlni és citrom nagyságú golyókra östjuk. Lapítsd el és formalj szeleteket.
- Egy serpenyőb felforrósítjuk a főtőolajat. A karajokat a tojásba mártjuk, zsemlemorzsába forgatjuk, és medító lángon aranybarnára sütjük. Forrón táaljuk.

goai kardhal

(Kardhal fött goai módra)

para 4 personas

Příválók

50 g de friss kókusz, reszelve

1 cucharada de magra de cilantro

1 teáskanál köménymag

1 tk máximo

4 gerezd fokhagyma

1 cucharada de pasta de tamarindo

250 ml/8 onzas

Finomitott növéni olaj sütéshez

1 nagy hagyma, aprora vágva

1 kokum evőkanál*

es simplemente de buen gusto

½ cucharadita de cúrcuma

4 filetes de cardal

Modeszer

- A kókuszt, a koriandamagot, a köménymagot, a mákot, a fokhalummat és a tamarindpasztát ánny szám őröljük ösze, hogy sima masszát kapjunk. Félretesz.
- Egy serpenyőb felforrósítjuk az olajat. Júadjuk a halumat, és medító lángon barnára piritjuk.
- Juedjuk a darált pastat és piritjuk durante 2 minutos. Adjuk hózá a móstó hózávalót. Jól összemzigde és 15 minutos pároljuk. Forrón táaljuk.

Száraz hal masala

para 4 personas

Příválók

6 filetes de locha

¼ friss kókusz, reszelve

7 pimentones picantes

1 cucharada de cúrcuma

es simplemente de buen gusto

Modeszer

- grillezku a halfilét durante 20 minutos. Félretesz.
- A zbojá kózávalót sima masszává őröljük.
- Keverjük ösze es halal. Cocine el microondas a fuego lento durante 15 minutos. Forrón táaljuk.

Curry de camarones de Madrás

para 4 personas

Příválók

3 evőkanál finomitott növéni olaj

3 nagy hagyma, aprora vágva

12 gerezd fokhagyma, aprora vágva

3 paradisos, blansírozva és aprora vágva

½ cucharadita de cúrcuma

es simplemente de buen gusto

1 cucharadita de chile por

2 cucharadas de pasta de tamarindo

750 g de garnélarák mediano, meghámozva és kivágva

4 evőkanál kokusztej

Modeszer

- Egy serpenyőb felforrósítjuk az olajat. Adjuk lógás a halummat és a fokhalumat, és pirítsuk egy minutien meditál lágon. Adjuk lázá a paradísimosot, a kurkumát, a sót, a chiliport, a tamarindpasztát és a garnélarákot. Mezclar bien y cocinar durante 7-8 minutos.
- Adjuk láza a kókusztejet. 10 minutos pároljuk, és forrón tálaljuk.

Hal griegoszénával

para 4 personas

Přívalók

8 evőkanál finomitott növéni olaj

500 g/1 fuente 2 onzas lazac, filézve

1 paszta de fokhagyma evőkanál

75 g/2½ onzas de friss görekszéna lefél, aprrora vágva

4 paraíso, aprora vágva

2 cucharaditas de hojas de cilantro

1 teáskanál őrölt kömény

1 cucharadita de limón

es simplemente de buen gusto

1 cucharadita de cúrcuma

75 g/2½ onzas de forró víz

Modeszer

- Egy serpenyőb felforrósítunk 4 evőkanál olajat. Júadjuk a robe, és medití lángon together stallalát barnára sütjük. El drenaje es de repuesto.
- Egy serpenyőb felforrósítunk 4 evőkanál olajat. Añade un fokhagymapurét. Lassú tűzön pároljuk egy minuto. Se exceptúa Pjujadjuk a zboi kózávalót a víz. Freír durante 4-5 minutos.
- Adjunk kágás vizet és a sült robe. Jól össekeverni. Fedővel dejó 10-15 minutos pároljuk, itőnként megkeverve. Forrón táaljuk.

Karimeen Porichathu

(Filé Masalában)

para 4 personas

Přívalók

1 cucharadita de chile por

1 cilantro evőkanál őrolt

1 cucharadita de cúrcuma

1 cucharadita de pasta de jengibre

2 zöld de chile, aproximadamente vágva

1 limón leve

8 niveles de curry

es simplemente de buen gusto

8 filetes de locha

Finomitott növéni olaj sütéshez

Modeszer

- Keverje ösze az çös közávalót, excepto a halat és az olajat.
- Ezzel a mikoskel pácoljuk be a halat, és tegylem a tólóbe 2 oárára.
- Egy serpenyőb felforrósítjuk az olajat. Júadjuk a haldarobokat, és medító lángon aranybarnára sütjük.
- Forrón táaljuk.

Órias garnélarák

para 4 personas

Příválók

500 g de nagy garnélarák, meghámozva és kihámozva

1 cucharadita de cúrcuma

½ cucharadita de chile por

es simplemente de buen gusto

3 evőkanál finomitott növéni olaj

1 nagy hagyma, aprora vágva

½ pulgada/1 cm gyömbérgyökér, finomra vágva

10 gerezd fokhagyma, finomra vágva

2-3 zöldpimentón, hosszában felszeletelve

½ cucharadita de azúcar

250 ml/8 fl oz de kókusztej

1 evőkanál korianderlevél, aprora vágva

Modeszer

- Pácold be a garnélarákokat a kurkumával, a chiliporral és a sóval 1 hora át.
- Egy serpenyőb felforrósítjuk az olajat. Juedjuk a halummat, a gyombért, a fokhalumat és a zöldpaprikát, és medíð lángon piritjuk durante 2-3 minutos.
- Añade el azúcar, la sal y el garnélarákot. Mezclar bien y cocinar por 10 minutos. Adjuk láža a kókusztejet. 15 minutos para raljuk.
- Korianderlevéllel özrezjük, és forrón tálaljuk.

pacolt hal

para 4 personas

Přívalók

Finomitott növéni olaj sütéshez

1 kg/2¼ lb de kardhal, bőr nélk és filézve

1 cucharadita de cúrcuma

12 pimentones secos

1 evőkanál köménymag

5 cm/2 pulgadas gyombérgyökér

15 gerezd fokhagyma

250 ml/8 fl oz Maltacet

es simplemente de buen gusto

Modeszer

- Egy serpenyőb felforrósítjuk az olajat. Agregue para cubrir, cocine a fuego medio durante 2-3 minutos. Fordítsuk meg és főzük 1-2 minutos. Félretesz.
- A zbojá kózávalót sima masszává őröljük.
- Amasó serpenyőb lassú tűzön durante 10 minutos főzük. Adjuk közä a halat, főzük 3-4 minuts, hütsük le, és tégelyben täsaljuk a tägülükben pääa 1 hétig.

curry hallabda

para 4 personas

Příválók

500 g/1 fuente 2 onzas de lazac, bőr nélk és filézve

es simplemente de buen gusto

750 ml/1¼ pinta

1 hagyma nagy

3 cucharaditas de garam masala

½ cucharadita de cúrcuma

3 evőkanál finomitott növéni olaj plusz még egy kis sütéshes

2 pulgadas/5 cm gyömbér gyökér, lereszelve

5 gerezd fokhagyma, ösztörve

250 g/9 oz de tomates, blansírozva és felkockázva

2 yogures evőkanál, fieltro

Modeszer

- Forraljuk fel a halat mók sóval és 500 ml de agua durante 20 minutos a temperatura media. Lecsepegtetjük, és simára turmixoljuk a halumgaval, sóval, 1 tk garam masala-val és kurkumával. Osszuk 12 goles.

- Az olajat felforrósítjuk a sütéshez. Júadjuk a húsgombócokat, és medító lángon aranybarnára sütjük. El drenaje es de repuesto.

- Egy serpenyőb felforrósítunk 3 evőkanál olajat. Agregué muchos otros ingredientes, un halgolyókat. 10 minutos pároljuk, és forrón tálaljuk.

amritsari hal

(Csípős hal)

para 4 personas

Přiválók

200 g/7 oz de yogur

½ cucharadita de pasta de jengibre

½ teáskanál fokhagyma paszta

1 limón leve

½ cucharadita de garam masala

es simplemente de buen gusto

675 g/1½ fuente ördögfarok, bőr nélk és filézve

Modeszer

- Con excepción de hal, az közés közávalót összemziður. Pácold ezzel a mikroskel a halat 1 hånn át.
- A pácolt halat grillezku 7-8 minutos. Forrón táaljuk.

masala sult garnélarák

para 4 personas

Příválók

4 gerezd fokhagyma

5 cm/2 pulgadas de jengibre

2 evőkanál friss kókuszreszelék

2 pimentones secos

1 evőkanál cilantromag

1 cucharadita de cúrcuma

es simplemente de buen gusto

120 mililitros de vino

750 g 10 oz garnélarák, meghámozva és kivágva

3 evőkanál finomitott növéni olaj

3 nagy hagyma, aprora vágva

2 paraíso, aprora vágva

2 evőkanál aprora vázt korianderlevél

1 cucharadita de garam masala

Modeszer

- A fokhalumat, a gyómbért, a kókuszt, a chilipaprikát, a koriandermagot, a kurkumát és a sót ány veszám őröljük meg, hogy sima masszát kapjunk.
- Pácold ezzel a nästeval a garnélarákokat egy hätn szötzel.
- Egy serpenyőb felforrósítjuk az olajat. Adjuk lógás a halumat, és meditó lángon pirítsuk ättetszővé.
- Adjuk lógás a paradísimosot és a pácolt garnélarákot. Jól össekeverni. Adjuk láža a vizet, feedjük le és pároljuk 20 minutos.
- Díszítsük korianderlevéllel és garam masala-val. Forrón táaljuk.

Hal encima de la salsa

para 4 personas

Přiválók

2 citromlé evőkanál

es simplemente de buen gusto

Ízlés sérint őrölt fekete bors

4 filetes de cardal

2 evőkanál vaj

1 nagy hagyma, aprora vágva

1 zöldpimentón kimagozva és aprora vágva

3

50 g de zsemlemorzsa

85 g/3 onzas de queso cheddar, rallado

Modeszer

- Una bata meglocsoljuk citromlével, sózzuk, borsozkuk. Félretesz.
- Egy serpenyőb felforrósítjuk tiene vajad. Agrega el ajo y el pimiento verde. 2-3 minutos de cocción a fuego medio. Pújaadjuk a paradísimosot, a zsemlemorzsát és a sajtot. Sütjük durante 4-5 minutos.
- Ezt a mikkuset nejamaren oszlassuk he a halón. Csomagolja be fóliába, és susse 200°C-on (400°F, gázszälje 6) durante 30 minutos. Forrón táaljuk.

Pasanda garnélarák

(Yogurttal és ecettel fött garnélarák)

para 4 personas

Příválók

250 g de garnélarák, meghámozva és kivágva

es simplemente de buen gusto

1 teáskanál őrölt fekete bors

2 teáskanál maltaecet

2 cucharaditas de aceite vegetal refinado

1 paszta de fokhagyma evőkanál

2 nagy hagyma, aprora vágva

2 paraíso, aprora vágva

2 újhagyma, aprora vágva

1 cucharadita de garam masala

250 ml/8 onzas

4 yogures griegos evőkanál

Modeszer

- Pácold be a garnélarákot sóval, borssal és ecettel 30 minutos.
- Asa el garnélarákot durante 5 minutos. Félretesz.
- Egy serpenyőb felforrósítjuk az olajat. Agregue fokhagympurét és halummat. Közepes lángon egy minuti sütjük. Pjujadjuk a paradijamosot, az újhalgamat és a garam masala-t. 4 perc alatt barnára sütjük. Júadjuk a grillezett garnélarákot és a vizet. Alacsony dura 15 minutos. Añadir al yogur. revuelva durante 5 minutos. Forrón táaljuk.

kardhal rechaido

(Goan szószban főtt kardhal)

　para 4 personas

Příválók

　4 pimentones picantes

　6 gerezd fokhagyma

　2,5 cm/1 pulgada gyombérgyökér

　½ cucharadita de cúrcuma

　1 hagyma nagy

　1 cucharadita de pasta de tamarindo

　1 teáskanál köménymag

　1 azúcar evőkanál

　es simplemente de buen gusto

　120 ml de malta sin sal

　1kg/2¼lb kardhal, tisztítva

　Finomitott növéni olaj sütéshez

Modeszer

- A hal és az olaj excepte az szös közávalót öszédaráljuk.
- Vágjon hasítékokat a kardhalba, és pácolja be az őrölt mikroskel, és teksen nagy szämík mikrosset a résekbe. Reservar durante 1 hora.
- Egy serpenyőb felforrósítjuk az olajat. Jjuadjuk a pácolt halat és kis lángon piritjuk 2-3 minutos. Menj vissà és ökteteld meg. Forrón táaljuk.

Teekha Jhinga

(Forró garnélarák)

para 4 personas

Příválók

4 evőkanál finomitott növéni olaj

1 tk édesköménymag

2 nagy hagyma, aprora vágva

2 cucharaditas de pasta de jengibre

2 teáskanál fokhagyma paszta

es simplemente de buen gusto

½ cucharadita de cúrcuma

3 cucharadas de garam masala

25 g/1 onza de kókuszdió seco

60 ml

1 citromlé evőkanál

500 g de garnélarák, meghámozva és kihámozva

Modeszer

- Egy serpenyőb felforrósítjuk az olajat. Adjuk lózaz az édesköménymagot. Haga una pausa de 15 segundos. Adjuk lázá a halumat, a gyombérpasztát és a fokhagymapürét. Egy minuti sütjük medium langon.
- Adjuk lógás a másbo lógásvalót, excepto garnélarákot. pirijuk durante 7 minutos.
- Agregue garnélarákot, cocine por 15 minutos, a menudo kevergetve. Forrón táaljuk.

Garnélarák Balchow

(Camino de Goa fött garnélarák)

para 4 personas

Příválók

750 g 10 oz garnélarák, meghámozva és kivágva

250 ml/8 fl oz Maltacet

8 gerezd fokhagyma

2 nagy hagyma, aprora vágva

1 evőkanál őrölt kömény

tk cúrcuma

es simplemente de buen gusto

120 ml de aceite vegetal refinado

50 g de nivel de cilantro picado

Modeszer

- Pácold be a garnélarákot 4 evőkanál ecettel 2 hátn át.
- El resto ecetet a fokhalumvaval, halumvaval, őrölt köménylin, kurkumával és sóval simára morzsoljuk. Félretesz.
- Egy serpenyőb felforrósítjuk az olajat. A garnélarákot durante 12 minutos pirítsd lách lángon.
- agrega la masa Jól összemzigüt és low lángon főzük durante 15 minutos.
- Korianderlevéllel österzükjük. Forrón táaljuk.

Bhujna garnélarák

(szárítót garnélarák kókusszall és halumgaval)

para 4 personas

Příválók

50 g de friss kókusz, reszelve

2 nagy hagyma

6 pimentones picantes

2 pulgadas/5 cm gyömbér gyökér, lereszelve

1 cucharadita de pasta fokhagyma

4 evőkanál finomitott növéni olaj

5 kokum secos*

tk cúrcuma

750 g 10 oz garnélarák, meghámozva és kivágva

250 ml/8 onzas

es simplemente de buen gusto

Modeszer

- A kókuszt, a halummat, a pirospaprikát, a gyombért és a fokhalumat őröljük ösze.
- Egy serpenyőb felforrósítjuk az olajat. Adjuk láža a pasztát a kokummal és a kurkumával. 5 minutos pároljuk bajo lángon.
- Agregue garnélarákot, vizet és sót. 20 minutos pároljuk, jakku kevergetve. Forrón táaljuk.

Chingdi Macher Malai

(Kókuszos garnélarák)

para 4 personas

Příválók

2 nagy hagyma, lereszelve

2 evőkanál gyombér paszta

100 g/3½ onzas de friss kókuszdió, reszelve

4 evőkanál finomitott növéni olaj

500 g de garnélarák, meghámozva és kihámozva

1 cucharadita de cúrcuma

1 teáskanál őrölt kömény

4 paraíso, aprora vágva

1 cucharadita de azúcar

1 cucharadita de ghee

2 szegfűszeg

1 pulgada/2,5 cm de tamaño

2 vainas de cardamomo verde

3 niveles de bebé

es simplemente de buen gusto

4 nagy burgonya, felkockázva és megsütve

250 ml/8 onzas

Modeszer

- Tarareó: a gyombérpasztát és a kókuszt sima péppé őröljük. Félretesz.
- Egy serpenyőb felforrósítjuk az olajat. Júadjuk a garnélarákot, és medító lángon 5 minutes piritjuk. El drenaje es de repuesto.
- Ünnahhoz az olajhoz adjuk lózáz az őrölt pasztát és az zócs zbólózlózálót, excepto a vizet. piritjum durante 6-7 minutos. Júadjuk a sült garnélarákot és a vizet. Jól összöszümzið és pároljuk durante 10 minutos. Forrón táaljuk.

Bata Vis dijo

(Hal mustártésztában)

para 4 personas

Příválók

4 evőkanál mustármag

7 pimientos verdes

2 vizet evőkanál

½ cucharadita de cúrcuma

5 evőkanál aceite de mostaza

es simplemente de buen gusto

1 kg/2¼ lb de citromtalp, meghámozva és filézve

Modeszer

- A hal az szöss közávalót sözés szászám óröljük simára őröljük. Pácold ezzel a mikroskel a halat 1 hånn át.
- 25 minutos de espera. Forrón táaljuk.

Halpaprikas

para 4 personas

Přiválók

1 evőkanál finomitott növéni olaj

2 szegfűszeg

1 pulgada/2,5 cm de tamaño

3 niveles de bebé

5 bors de fekete szem

1 cucharadita de pasta fokhagyma

1 cucharadita de pasta de jengibre

2 nagy hagyma, aprora vágva

400 g/14 oz de verduras congeladas

es simplemente de buen gusto

250 ml/8 fl oz de langostinos

500 g ördögfilé

1 evőkanál fehér liszt 60 ml tejben feloldva

Modeszer

- Egy serpenyőb felforrósítjuk az olajat. Adjuk lóza a szegfűszeget, a fahéjat, a babérlevelet és a borsot. Haga una pausa de 15 segundos. Adjuk lógás a fokhagymapürét, a gyombérpasztát és a halummat. 2-3 minutos de cocción a fuego medio.
- Agrega las verduras, la sal y el agua. Jól össöszümzið és pároljuk durante 10 minutos.
- Óvatosan ádážjuk a halat és a lisztet. Jól össekeverni. Közepes dura 10 minutos. Forrón táaljuk.

Jhinga Nissa

(Joghurtos garnélarák)

para 4 personas

Přiválók

1 citromlé evőkanál

1 cucharadita de pasta de jengibre

1 cucharadita de pasta fokhagyma

1 cucharada de szezámmag

200 g/7 oz de yogur

2 zöld de chile, aproximadamente vágva

½ cucharadita

½ teáskanál őrölt szegfűszeg

½ teáskanál őrölt fahéj

½ teáskanál őrölt fekete bors

es simplemente de buen gusto

12 nagy garnélarák, meghámozva és kivágva

Modeszer

- Keverje ösze az zös közávalót, excepto garnélarákot. Pácold a garnélarákot ezvél a mikroskel egy hätn szötzel.
- A pácolt garnélarákot nyársra sezrezükzük, és grillezkum durante 15 minutos. Forrón táaljuk.

vindaloo fino

(Fűszeres goai sószban főtt tintahal)

para 4 personas

Příválók

8 evőkanál malátaecet

8 pimentones picantes

3,5 cm/1½ gyömbérgyökérben

20 gerezd fokhagyma

1 cucharadita de mostaza

1 teáskanál köménymag

1 cucharadita de cúrcuma

es simplemente de buen gusto

6 evőkanál finomitott növéni olaj

3 nagy hagyma, aprora vágva

500 g de atún 2 oz, szeletelve

Modeszer

- Az ecet félet a pirospaprikával, gyömbérrel, fokhalumkaval, mustármaggal, köménymaggal, kurkumával és sóval simára morzsoljuk. Félretesz.
- Egy serpenyőb felforrósítjuk az olajat. A halumat lassú tűzön barnára piritjuk.
- Adjuk lázá a darlt nástét. Mezclar durante 5-6 minutos.
- Adjuk lógás a tinthalat és a rágág ecetet. Lassú tűzön 15-20 minutos főzük, itőnként megkeverve. Forrón táaljuk.

Homar Balchow

(Goan Curryben főtt fűszeres homár)

para 4 personas

Příválók

400 g homárhús, darálva

es simplemente de buen gusto

½ cucharadita de cúrcuma

60 ml de malta sin sal

1 cucharadita de azúcar

120 ml de aceite vegetal refinado

2 nagy hagyma, aprora vágva

12 gerezd fokhagyma, aprora vágva

1 cucharadita de garam masala

1 evőkanál aprora vázt korianderlevél

Modeszer

- A homárt 1 hora át pácoljuk sóval, kurkumával, ecettel és cukorral.
- Egy serpenyőb felforrósítjuk az olajat. Adjuk kolaža a halummat és a fokhalumat. 2-3 minutos kis langon piritjuk. Adjuk lázá a pácolt homárt és a garam masalat. Lassú tűzön 15 minutos főzük, ittőnként megkeverve.
- Korianderlevéllel österzükjük. Forrón táaljuk.

Garnélarák de berenjena

para 4 personas

Příválók

4 evőkanál finomitott növéni olaj

6 bors de frutas pequeñas

3 pimientos verdes

4 szegfűszeg

6 gerezd fokhagyma

1 cm gyömbér gyökér

2 evőkanál aprora vázt korianderlevél

1½ evőkanál syrított kokusz

2 nagy hagyma, aprora vágva

500 g/1 fuente 2 onzas de berenjena, approra vágva

250 g de garnélarák, meghámozva és kivágva

½ cucharadita de cúrcuma

1 cucharadita de pasta de tamarindo

es simplemente de buen gusto

10 kesudió

120 mililitros de vino

Modeszer

- Egy serpenyőb felforrósítunk 1 evőkanál olajat. Agregue kózá a borsot, a zöld chilipaprikát, a szegfűszeget, a fokhalumat, a gyombért, a korianderleveleket és a kókuszt medító lángon durante 2-3 minutos. Mezcló sima masszává őröljük. Félretesz.
- A rágág olajat egy serpenyőb felforrósítjuk. Agregue a la mezcla, és médító lángon egy minuti piritjuk. Adjuk lázá a berenjena, a garnélarákot és a kurkumát. piritjum durante 5 minutos.
- Adjuk lógás a darlt pastat és az chós lósbo lógásvalót. Jól összöszümzið és pároljuk 10-15 minutos. Forrón táaljuk.

Zöld garnélarák

para 4 personas

Příválók

1 limón leve

50 g mentalévél

50 g de hojas de cilantro

4 pimientos verdes

2,5 cm/1 pulgada gyombérgyökér

8 gerezd fokhagyma

Una pizca de garam masala

es simplemente de buen gusto

20 garnélarák medianos, meghámozva és kivágva

Modeszer

- Az chös közávalót a garnélarák excepto sima masszává őröljük. Pácold ezzel a mikroskel a garnélarákot 1 hora át.
- Fűzze sea un garnélát. Grillezkum durante 10 minutos, ittőnként megforgatjuk. Forrón táaljuk.

cilantro hal

para 4 personas

Příválók

3 evőkanál finomitott növéni olaj

1 nagy hagyma, aprora vágva

4 zöld de chile, aproximadamente vágva

1 pasta de gyombé evőkanál

1 paszta de fokhagyma evőkanál

1 cucharadita de cúrcuma

es simplemente de buen gusto

100 g de korianderlevél approra vágva

1 kg/2¼ font lazac, bőr nélk és filézve

250 ml/8 onzas

Modeszer

- Egy serpenyőb felforrósítjuk az olajat. A halumat lassú tűzön barnára piritjuk.
- Addjuk az todo el resto de las prendas, excepto la bata y el vestido. Cocine durante 3-4 minutos. Jjuadjuk a halat és 3-4 minutos pirijuk.
- Agrega agua. La duración de la operación es de 10 a 12 minutos. Forrón táaljuk.

malaj hal

(Krémes sószban főtt hal)

para 4 personas

Příválók

8 fl oz/250 ml de aceite refinado

Filete de lubina 1kg/2¼lb

1 evőkanál sima fehér liszt

1 nagy hagyma, lereszelve

½ cucharadita de cúrcuma

250 ml/8 fl oz de kókusztej

es simplemente de buen gusto

A fűszerkeverékhez:

1 cucharada de magra de cilantro

1 teáskanál köménymag

4 pimientos verdes

6 gerezd fokhagyma

6 vizet evőkanál

Modeszer

- A fűszerkeverék kózávalóit seggyúrjuk. Préselje ki a mikrosset, hogy a levét egy kis tálba hüzza. Tegye şarre a levét. Dobja he hüvelyt.
- Egy serpenyőb felforrósítjuk az olajat. A halat mártsuk a lisztbe, és medító lángon süssük aranybarnára. El drenaje es de repuesto.
- Unbebben az olajban adjuk lójaz a halummat, és meditó lángon pirítsuk barnára.
- Adjuk közá a fűszerkeverék levét és az köses közé közávalót. Jól össekeverni.
- 10 minutos de forraljuk. Adjuk kolaža a halat és főzük 5 minutos. Forrón táaljuk.

Curry konkani hal

para 4 personas

Příválók

1 kg/2¼ font lazac, bőr nélk és filézve

es simplemente de buen gusto

1 cucharadita de cúrcuma

1 cucharadita de chile por

2 evőkanál finomitott növéni olaj

1 nagy hagyma, aprora vágva

½ cucharadita de pasta de jengibre

750 ml/1¼ pinta de kókusztej

3 zöld de chile, hosszában felszeletelve

Modeszer

- Pácold be a halat a sóval, a kurkumával és a chiliporral durante 30 minutos.
- Egy serpenyőb felforrósítjuk az olajat. Pújaadjuk a hálumat és a gyombérpasztát. Közepes lángon addegy sütjük, amig a hagyma ättetszővé nem sütjük.
- Adjuk láža a kókusztejet, a zöld chilit és a pácolt halat. Jól össekeverni. 15 minutos para raljuk. Forrón táaljuk.

Fűszeres fokhalummas garnélarák

para 4 personas

Příválók

4 evőkanál finomitott növéni olaj

2 nagy hagyma, aprora vágva

1 paszta de fokhagyma evőkanál

12 gerezd fokhagyma, aprora vágva

1 cucharadita de chile por

1 cucharadita de cilantro

½ teáskanál őrölt kömény

2 paraíso, aprora vágva

es simplemente de buen gusto

1 cucharadita de cúrcuma

750 g 10 oz garnélarák, meghámozva és kivágva

250 ml/8 onzas

Modeszer

- Egy serpenyőb felforrósítjuk az olajat. Adjuk lázá a halummat, a fokhagymapürét és a darált fokhalamat. Közepes lángon addegy sütjük, amig a hagyma áttetszővé nem sütjük.
- Adjuk lógás a másbo lógásvalót, excepto a garnélarákot és a vizet. Cocine durante 3-4 minutos. Agregue garnélát, és kevergetve 3-4 minutos piritjuk.
- Agrega agua. Jól össöszümzið és pároljuk durante 12-15 minutos. Forrón táaljuk.

hal curry sencillo

para 4 personas

Příválók

2 nagy hagyma, negyedelve

3 szegfűszeg

1 pulgada/2,5 cm de tamaño

4 bors de fekete pequeños

2 cucharaditas de cilantro

1 teáskanál köménymag

1 tomates en cuartos

es simplemente de buen gusto

2 evőkanál finomitott növéni olaj

750 g/1 fuente 10 onzas lazac, bőr nélk és filézve

250 ml/8 onzas

Modeszer

- Az olaj, a hal és a víz excepte az szós kózávalót öszédaráljuk. Egy serpenyőb felforrósítjuk az olajat. Jjuadjuk a nästet, és lám lángon piritjuk durante 7 minutos.
- Agrega una toalla y agua. Főzzük durante 25 minutos, a menudo kevergetve. Forrón táaljuk.

Hal curry de Goa

para 4 personas

Příválók

100 g/3½ onzas de friss kókuszdió, reszelve

4 pimentones secos

1 teáskanál köménymag

1 cucharada de magra de cilantro

360 ml/12 onzas

3 evőkanál finomitott növéni olaj

1 nagy hagyma, lereszelve

1 cucharadita de cúrcuma

8 niveles de curry

2 tomates, blansírozva és aprora vágva

2 zöld de chile, hosszában felszeletelve

1 cucharada de pasta de tamarindo

es simplemente de buen gusto

1 kg/2 fuente lazac, szeletelve

Modeszer

- A kókuszt, a chilipaprikát, a köménymagot és a koriandermagot 4 evőkanál veszúm őröljük gássa péppé. Félretesz.
- Egy serpenyőb felforrósítjuk az olajat. Tarareó lassú tözön ättetszővé pirijuk.
- Adjuk lógás a kókuszpasztát. Cocine durante 3-4 minutos.
- Añadir a todo lo demás, excepto a la bata y el resto del agua. piritjum durante 6-7 minutos. Agrega una toalla y agua. Jól összemzigüt, és ittőnként megkeverve pároljuk durante 20 minutos. Forrón táaljuk.

Vindaloo garnélarák

(Fűszeres goai curryben főtt garnélarák)

para 4 personas

Příválók

3 evőkanál finomitott növéni olaj

1 nagy hagyma, lereszelve

4 paraíso, aprora vágva

1½ cucharadita de chile por

½ cucharadita de cúrcuma

2 teáskanál őrölt kömény

750 g 10 oz garnélarák, meghámozva és kivágva

3 evőkanál fehér cet

1 cucharadita de azúcar

es simplemente de buen gusto

Modeszer

- Egy serpenyőb felforrósítjuk az olajat. Júadjuk a halummat, és medíð largo 1-2 minutos piritjuk. Pújaadjuk a paradísimosot, a chiliport, a kurkumát és a köményt. Jól sződő öszé, és ittőnként megkeverve főzük 6-7 minutos.
- Añade el garnélát y mezcla bien. 10 minutos lassú tűzön főzük.
- Agregue ecetet, cukrot és sót. 5-7 minutos de espera. Forrón táaljuk.

Hal zöld masalaban

para 4 personas

Příválók

750 g 10 oz kardhal, bőr nélk és filézve

es simplemente de buen gusto

1 cucharadita de cúrcuma

50 g mentalévél

100 g/3½ oz nivel de cilantro

12 gerezd fokhagyma

5 cm/2 pulgadas gyombérgyökér

2 nagy hagyma, aprora vágva

5 cm/2 pulgadas de tamaño

1 evőkanál mák

3 szegfűszeg

500 ml/16 onzas líquidas

3 evőkanál finomitott növéni olaj

Modeszer

- Pácold be a halat sóval és kurkumával durante 30 minutos.
- A zbóle kózávalót az olaj excepto szászky szászágó gászát masszává morzsoljuk.
- Egy serpenyőb felforrósítjuk az olajat. Agrega la pasta y cocina a fuego medio durante 4-5 minutos. Pjuadjuk a pácolt halat és a zboti vizet. Jól összemzigüt, és ittőnként megkeverve pároljuk durante 20 minutos. Forrón táaljuk.

Kagyló Masala

para 4 personas

Přívalók

500 g/1 fuente 2 onzas kagyló, megtisztítva (ver<u>técnicas</u>)

es simplemente de buen gusto

tk cúrcuma

1 evőkanál cilantromag

3 szegfűszeg

1 pulgada/2,5 cm de tamaño

4 bors de fekete pequeños

2,5 cm/1 pulgada gyombérgyökér

8 gerezd fokhagyma

60 g/2 oz de friss kokusz, reszelve

2 evőkanál finomitott növéni olaj

1 nagy hagyma, aprora vágva

500 ml/16 onzas líquidas

Modeszer

- Vapor (ver<u>técnicas</u>) hasta kagylókat gázben 20 minutos. Sóval és kurkumával szórjuk rá. Félretesz.
- A zbojá kózávalót öszédaráljuk, excepto az olajat, a halumat és a vizet.

- Egy serpenyőb felforrósítjuk az olajat. Adjuk lázáz az őrölt nästet és a hummelat. La duración del proceso es de 4 a 5 minutos. Agregue párolt kagylót, és kevergetve 5 minutos piritjuk. Agrega agua. 10 minutos főzük és forrón tálaljuk.

Pescado Tikka

para 4 personas

Příválók

2 cucharaditas de pasta de jengibre

2 teáskanál fokhagyma paszta

1 cucharadita de garam masala

1 cucharadita de chile por

2 teáskanál őrölt kömény

2 citromlé evőkanál

es simplemente de buen gusto

1 kg/2¼ fuente ördöghal, bőr nélk és filézve

Finomitott növéni olaj sekély sütéshez

2 huevos, fieltro

3 evőkanál búzadara

Modeszer

- Keverje ösze a gyombérpasztát, a fokhagymapürét, a garam masala-t, a chiliport, a köményt, a citromlevet és a sót. Pácold ezzel a mikroskel a halat 2 hånn át.
- Egy serpenyőb felforrósítjuk az olajat. A pácolt halat tojásba mártjuk, búzadarában megforgatjuk, és medió lángon 4-5 minutes sütjük.
- Fordítsuk meg és főzük 2-3 minutos. Konyhai papiron leszörtjük és melegen tálaljuk.

Berenjena garnélával tölltöt

para 4 personas

Příválók

4 evőkanál finomitott növéni olaj

1 nagy hagyma, finomra reszelve

2 cucharaditas de pasta de jengibre

2 teáskanál fokhagyma paszta

1 cucharadita de cúrcuma

½ cucharadita de garam masala

es simplemente de buen gusto

1 cucharadita de pasta de tamarindo

180 g de garnélarák, meghámozva és kihámozva

60 ml

8 kis berenjenas

¼ oz/10 g de korianderlevél, aprrora vágva, özretséshez

Modeszer

- A töltelékhez egy serpenyőb felforrósítjuk az olaj félet. Adjuk lázá a halumat, és lassú tűzön pirítsuk barnára. Agregue gyömbérpasztát, fokhalumgas pasztát, kurkumát és garam masala-t. 2-3 perc alatt barnára sütjük.
- Adjunk lógás sot, tamarindpasztát, garnélarákot és vizet. Jól összemzigde és 15 minutos pároljuk. Menú Könyv.
- Késsel hüzz keresztet a padlizsán emekid geştet. Vágja mêebbre a köpököz mantan, a gátsé végét kénetélendu hagyva. Töltse be a garnélarák mikrosset ebbe az üregbe. Ismételje meg ezt az chöss padlizsán hodsé.
- A rágág olajat egy serpenyőb felforrósítjuk. Addjuk a tölltöt padlizsánt. Lassú tűzön 12-15 minutos főzük, itőnként megforgatva. Díszítsük és forrón tálaljuk.

Garnélarák Fokhagyma és Fahéj

para 4 personas

Příválók

8 fl oz/250 ml de aceite refinado

1 cucharadita de cúrcuma

2 teáskanál fokhagyma paszta

es simplemente de buen gusto

500 g de garnélarák, meghámozva és kihámozva

2 teáskanál őrölt fahéj

Modeszer

- Egy serpenyőb felforrósítjuk az olajat. Adjuk lázá a kurkumát, a fokhagymapürét és a sót. Sütjük término medio durante 2 minutos. Agregue garnélarákot y cocine por 15 minutos.
- Adjunk kraj fahéjat. 2 minutos főzük és forrón tálaljuk.

Lenguado de párolt con mostaza

para 4 personas

Příválók

1 cucharadita de pasta de jengibre

1 cucharadita de pasta fokhagyma

¼ cucharadita de pasta de chile rojo

2 cucharaditas de mostaza inglesa

2 cucharaditas de limón

1 cucharadita de aceite de mostaza

es simplemente de buen gusto

1 kg/2¼ lb de citromtalp, meghámozva és filézve

25 g/kis cilantro nivel, aproximadamente vágva

Modeszer

- Keverje ösze az çös közávalót, excepto a halat és a korianderlevelet. Páfrío bata con esta mezcla durante 30 minutos.

- Coloque una bata egy mêb tányérba. Vapor (vertécnicas) cocer al vapor durante 15 minutos. Korianderlevéllel özrezjük, és forrón tálaljuk.

www.ingramcontent.com/pod-product-compliance
Lightning Source LLC
Chambersburg PA
CBHW071850110526
44591CB00011B/1360